●丛书主编 庆振轩

故事里的文学经典

清词

祝东 著

兰州大学出版社

图书在版编目（CIP）数据

故事里的文学经典．清词 / 祝东著．-- 兰州 ：兰州大学出版社，2014.7
ISBN 978-7-311-04506-7

Ⅰ．①故… Ⅱ．①祝… Ⅲ．①词（文学）－诗歌欣赏－中国－清代 Ⅳ．①I206.2

中国版本图书馆CIP数据核字(2014)第158317号

策划编辑　张　仁
责任编辑　马继萌
装帧设计　张友乾

书　　名　故事里的文学经典　清词
作　　者　祝　东　著
出版发行　兰州大学出版社　（地址:兰州市天水南路222号　730000）
电　　话　0931-8912613(总编办公室)　0931-8617156(营销中心)
　　　　　0931-8914298(读者服务部)
网　　址　http://www.onbook.com.cn
电子信箱　press@lzu.edu.cn
印　　刷　兰州德辉印刷有限责任公司
开　　本　710 mm×1020 mm　1/16
印　　张　10.75
字　　数　166千
版　　次　2014年7月第1版
印　　次　2014年7月第1次印刷
书　　号　ISBN 978-7-311-04506-7
定　　价　21.50元

学海无涯乐作舟

——"故事里的文学经典"系列序言

北宋文坛领袖欧阳修曾说：

立身以求学为先，求学以读书为要。

欧阳修是一位政治家、思想家、改革家，也是一位教育家，他认为人生如果要有一番作为，就要努力求学读书。千余年过去，时至今日，立志向学，勤奋读书，教育强国，已经形成社会共识。然而读什么书，如何读书，依然是许多人困惑和思考的问题。

人们常说"开卷有益"，又说"好书不厌百回读"，所谓的好书、有益的书，应该指的是经典作家的经典作品。何谓经典？瑞士作家赫尔曼·黑塞在《获得教养的途径》中认为，经典作品是"我正在重读"，而不是"我正在读"的书。人文学科都有各自的经典作家和经典作品，诸如"哲学经典"、"史学经典"、"文学经典"等等。范仲淹曾经说过："劝学之要，莫尚宗经。宗经则道大，道大则才大，才大则功大。"(《上时相议制举书》)儒家把《诗经》、《尚书》、《仪礼》、《乐经》、《周易》、《春秋》尊为"六经"，文人学士研修经典的目的是为了经世致用，"六经之旨不同，而其道同归于用"。"故深于《易》者长于变，深于《书》者长于治，深于《诗》者长于风，深于《春秋》者长于断，深于《礼》者长于制，深于《乐》者长于性。"(陈舜俞《说用》)范仲淹与其再传弟子陈舜俞都是从造就经邦济世的通才、大才的角度论述儒家经典的。但古人研读经典，由于身份不同、目的不同，取径也不尽相同。郭绍虞在《中国文学批评史》中指出："古文家、道学家和政治家一样的宗经，但是古文家于经中求其文，道学家于经中求其道，而政治家则于经中求其用。"

就文学经典而言，文学经典指的是具有深厚的人文意蕴和永恒的艺术价值，为一代又一代读者反复阅读、欣赏、接受和传承，能够体现民族审美风尚和美学精神，具有广阔的阐释空间和当代存在性，能不断与读者对话，并带来新的发展，让读者在静观默想中充分体现主体价值的典范性权威性文学作品。“经也者，恒久之至道，不刊之鸿论。”（刘勰《文心雕龙·宗经》）

由于经典之作要经历时间和读者的检验，所以经典作家、经典作品经典化的过程会给我们一些有益的启示：读者和作家一起赋予了经典文学的经典含义。即就宋词而言，词体始于隋末唐初，发展于晚唐五代，极盛于两宋。但在宋代，词乃小道，不登大雅之堂，终宋一代，宋词从未取得与诗文同等的地位。欧阳修在《归田录》中曾记载：

钱思公（惟演）虽生长富贵，而少所嗜好。在西洛时，尝语僚属言：平生唯好读书，坐则读经史，卧则读小说，上厕则读小词。盖未尝顷刻释卷也。

虽然欧阳修之意在赞扬钱惟演好读书，但言及词则曰“小词”，且小词乃上厕所所读，则其地位可知。即就宋代词坛之大家如苏轼，在被贬黄州时，为避谤避祸，开始大量作词；辛弃疾于痛戒作诗之时从未中断写词的事实，也可略知其中信息。直至后世的读者研究者，越来越感知和发现了词体的独特的魅力——“词之为体，要眇宜修，能言诗之所不能言，而不能尽言诗之所能言。诗之境阔，词之言长”（王国维《人间词话》），才把词坛之苏辛，视如诗坛之李杜，赋予了宋词与唐诗相提并论的地位。

其他文体中如元杂剧之《西厢记》、章回小说之《水浒传》，也曾被封建卫道士视为“诲盗诲淫”之洪水猛兽而遭到禁毁，但名著本身的价值、读者的喜爱和历史的检验，奠定了它们经典之作的地位。

在一些经典作品经典化的过程中，读者甚至参与了经典作品的创作。李白的《静夜思》就是一个典型的个例。从文献学的角度看，宋代刊行的《李太白文集》、《李翰林集》中《静夜思》的原貌为：

床前看月光，疑是地上霜。
举头望山月，低头思故乡。

当代著名学者瞿蜕园、朱金城、安旗、詹瑛所撰编年校注、汇释集评本《李太白集》也全依宋本。但从明代开始，一些唐诗的编选者（读者）开始改变了《静夜思》的字句，形成了流行今日的李白的《静夜思》：

床前明月光，疑是地上霜。
举头望明月，低头思故乡。

所以，经过了历史长河的淘洗和历代无数读者检验而存留至今的中华文明宝库中的经典文学作品，是中华民族精神智慧的结晶。那么，在大力弘扬与传承优秀传统文化的今天，我们应该怎样学习阅读自《诗经》、《楚辞》以来的文学经典？古人的一些经典之作和经典性论述可以为我们借鉴。

横看成岭侧成峰，远近高低各不同。
不识庐山真面目，只缘身在此山中。

这是苏轼在元丰七年四月，自九江往游庐山，在山中游赏十余日之后所写的《题西林壁》诗。一生好为名山游的苏轼，在畅游庐山的过程中，庐山奇秀幽美的胜景，让诗人应接不暇。苏轼于游赏中惊叹、错愕，领略了前所未有的超出想象的陌生的美感。初入庐山，庐山突兀高傲，“青山若无素，偃蹇不相亲。要识庐山面，他年是故人。”移步换景，处处仙境，诗人喜出望外，“自昔忆清赏，初将杳霭间。如今不是梦，真个在庐山！”庐山幽胜美不胜收，于是诗人在《题西林壁》这首由游山而感悟人生的诗作中，寄寓了发人深思的理趣。苏轼之后，人们从不同的角度解读诗作给予人们的启悟。王国维《人间词话》中说：

> 诗人对于宇宙人生，须入乎其内，又须出乎其外。入乎其内，故能写之；出乎其外，故能观之。入乎其内，故有生气；出乎其外，故有高致。

而苏轼的《题西林壁》正是诗人对于人生对于庐山既入乎其内，又出乎其外的带有特有的东坡印记的智慧之作。古往今来，向往庐山，畅游庐山的游人难以数计，而神奇的庐山给予游人的感触各有不同，何以如此呢？因为万千游客，虽同游庐山，但经历不同，观赏角度有别，学识高下不一，游赏目的异趣，他们都领略的是各自心目中的庐山，诚所谓“横看成岭侧成峰，远近高低各不同”。也正如钱钟书《谈艺录》中所说：“盖任何景物，横侧看皆五光十色；任何情怀，反复说皆千头万绪。非笔墨所易详尽。”所以，换个角度看世界，世界会更加丰富多彩；换个角度看人生，现实人生就会更具魅力；换个角度读经典，你会拥有你自己的经典，经典会更加经典。

千江有水千江月，千江水月各不同。古今中外的许多经典作家正是以独特的眼光观察大千世界，以独到的思维角度思考人生，以生花妙笔写人叙事，绘景抒情，继往开来，推陈出新，创造出一部部永恒的经典。“不畏浮云遮望眼，只缘身在最高层。”经典之所以为经典，其要因之一就是经典作家能够站在时代的制高点上，眼光独到，视点独特，思想深邃，能发前人之所未发。即以被称为“拗相公”的王安石为例，作为勇于改革的政治家，思想深刻的思想家，他的诗、文、词创作都具有鲜明的个性特色。四川大学中文系古典文学教研室选注的《宋文选·前言》中说：

> 王安石的文章大都是表现他的思想见解，为变法的政治斗争服务的，思想进步故识见高超，态度坚决故议论决断。其总的特色是在曲折畅达中气雄词峻。议论文字，无论长篇短说，都结构谨严，析理透辟，概括性强，准确处斩钉截铁，不可移易。

这一段话是评价王安石散文风格的，用来概括他的诗词特色也颇为恰切。王安石由于个性独特，识见高超，所以喜欢做翻案文章。他的这一类作品不是为翻案而翻案，而是确有独到深刻的见解，其《读史》、《商鞅》、《贾生》、《乌江亭》、《明妃曲》均是如此。即以其《贾生》而言，司马迁《史记》有《屈原贾生列传》，对贾谊的同情叹惋之意已在其中。李商隐因自己人生失意，对贾谊抑郁失意更为关注，其《贾生》诗曰：

宣室求贤访逐臣，贾生才调更无伦。
可怜夜半虚前席，不问苍生问鬼神。

这首咏史诗在切入点的选取上颇为独到，在对贾谊遭际的咏叹抒写之中，蕴含着深沉的政治感慨和人生伤叹，而这种感慨自伤情怀颇能引起后世怀才不遇之士的情感共鸣，给予了高度评价。但王安石评价历史人物的着眼点则跳出了个人人生君臣遇合的得失，立足于是否有用于世有助于时的角度，表达了独特的“遇与不遇”的人生价值观。遇与不遇，不在于官场职位的高低，而在于胸怀谋略是否得以实行，是否于国于民有益：

一时谋议略施行，谁道君王薄贾生。
爵位自高言尽废，古来何啻万公卿。

以人况己，以古喻今，振聋发聩，这样的诗作才当得上“绝大议论，得未曾有”的美誉。无论是回首历史，还是关注现实，抑或是感受人生，往往因作者的视角不同，立场观念有别，而感发不一，所写诗文，各呈异彩。

但是我们在阅读体验中还发现了一些很有趣的现象：读者有时所欣赏的并不是作者的得意之作，而有时候作者所自珍的，读者却有微词。欧阳修《六一诗话》有这样一段文字：

晏元献公文章擅天下，尤善为诗，而多称引后进，一时名士往往出其门。圣俞平生所作诗多矣，然公独爱其两联，云“寒鱼犹著底，白鹭已飞前”，又“絮暖鮆鱼繁，露添莼菜紫”。余尝于圣俞家见公自书手简，再三称赏此二联。余疑而问之，圣俞曰：“此非我之极致，岂公偶自得意于其间乎？”乃知自古文士不独知己难得，而知人亦难也。

欧阳修这种阅读体验不止一端，刘攽《中山诗话》记载：永叔云：“知圣俞者莫如某，然圣俞平生所自负者，皆某所不好。圣俞所卑下者，皆某所称赏。”于是也感慨知心赏音之难。

正因为知心赏音之难，所以古人强调阅读欣赏应该知人论世。于是了解探究历史，就有“纪事本末”类的系列著述。阅读欣赏诗词，即有《本事诗》、《本事词》、《词林纪事》、《唐诗纪事》、《宋诗纪事》、《明诗纪事》、《清诗纪事》等著作；阅读唐宋散文，也有《全唐文纪事》、《宋文纪事》之类的著述。对于读者而言，这些著述有助于我们由事知史，由事知人，进而由事知诗，由事知词，由事知文；或者说有助于我们加深对相关诗、词、文的深入了解。正是从这个视点出发，出于弘扬传统文化，建设社会主义精神文明的责任感与使命感，兰州大学出版社策划出版“故事里的文学经典”、“故事里的史学经典”、“故事里的哲学经典”（统称为“换个角度读经典”）系列丛书，同样出于历史使命感，我们愉快地接受了“故事里的文学经典”系列的撰写工作，首批包括《故事里的文学经典之唐五代词》、《故事里的文学经典之唐文》、《故事里的文学经典之宋文》、《故事里的文学经典之北宋诗》、《故事里的文学经典之南宋诗》、《故事里的文学经典之元曲》、《故事里的文学经典之唐诗》、《故事里的文学经典之宋词》。

当凝聚着丛书的策划者和撰著者共同心血的著述即将付梓之际，我们为和兰州大学出版社这次愉快的合作感到由衷的高兴，因为共同的弘扬优秀传统文化的目标，出好书就成为我们共同的意愿，所以撰写以至出版的一些具体问题，就很容易通过沟通达成一致。参与丛书撰写的同仁均长期从事中国古典文学的教学科研工作，怎样让经典文学作品走出大学的讲堂，走向社会，走向千家万户，是我们长期思考的问题；而由学者在一定研究基础上撰写的，面向更为广大的读者群的融学术性的严谨和能给予读者阅读的知识性、愉悦性则是出版社策划者的初衷。合作的愉快也为我们下一步自汉魏至明清诗、词、文部分的写作奠定了良好的基础。

由“本事”或者说由“故事”入手诠解阅读文学经典是我们的共识。

那些与诗、词、文密切相关的“本事”，在古典文学名篇佳作的赏鉴研读中，主要是指与相关作品的创作、传播以及作家的生平遭际有关的“故事”，抑或是趣事逸闻，其本身就是最通俗、最形象吸引读者的“文学评论”，许多流誉后世的名篇佳作，几乎都伴随有引人入胜的“故事”或传说。这些故事或发生于作家写作之前，是为触发其写作的契机，所谓“感于哀乐，缘事而发”；或是出于一种自觉的责任感使命感，“文章合为时而著，歌诗合为事而作”。而有些诗文本身就在讲故事，史传文学本身就与后世小说特别是传奇小说有千丝万缕的联系，所以唐宋散文中的一些纪传体散文名篇诸如《张中丞传后叙》、《段太尉逸事状》、《杨烈妇传》、《唐河店妪传》、《姚平仲小传》等颇具小说笔法。即如范仲淹之《岳阳楼记》，王庭震《古文集成》中也记述说：

> 《后山诗话》云：“文正为《岳阳楼记》，用对语说时景，世以为奇。尹师鲁读之，曰：‘传奇’体耳！”《传奇》，唐裴铏所著小说也。

有些诗歌也是感人的叙事诗，在很多读者那里了解的苏小妹的故事，只是民间的传说，得之于话本小说《苏小妹三难新郎》、近年新编的影视作品《鹊桥仙》等。人们出于良好的心理愿望，去观看欣赏苏小妹和秦观的所谓爱情佳话，让聪明贤惠的苏小妹和苏轼最得意的门生秦观在虚构的小说、戏曲、影视作品中成就美好姻缘，而不去考虑受虐病逝于皇祐四年(1052)的苏洵最小的女儿、苏轼的姐姐八娘，和出生在皇祐元年(1049)的秦观结为秦晋之好是根本不可能的！而苏洵的《自尤》诗即以泣血之情记述了爱女所嫁非人，被虐致死的锥心之痛。但长期以来，由于资料的散佚，一些研究苏轼的专家对此亦语焉不详，台湾学者李一冰所著《苏东坡新传》即曰：

苏洵痛失爱女，怨愤不平，作《自尤》诗以哀其女(今已不传)。

我们依据曾枣庄先生《嘉祐集笺注》收录了《自尤》诗并叙，并未多加诠释，因为诗作本身就为我们含悲带愤地讲述了一个凄惨的八娘的短暂的一生的悲剧故事。苏小妹不是一个传说！

当然，也有一些故事发生在诗作传播之后，如《舆地广记》和《艇斋诗话》都记载，苏轼“为报先生春睡美，道人轻打五更钟”传到京城，章惇认为东坡生活快活安稳，于是又把诗人贬到海南。但是不论诗人是直书其事，还是借史言事，是因事论事，还是即事兴感，与诗作相关与诗人遭际相关的故事，都有助于我们对经典诗文在知人论世的基础上去读解诠释。

在“换个角度读经典”系列丛书之“故事里的文学经典”(第一批)将要出版发行之际，我们对兰州大学出版社的张仁先生、张映春女士为之付出的大量心血和兢兢业业一丝不苟的敬业精神表示由衷的感佩；对兰州大学文学院党政领导班子，特别是张炳成同志对于丛书的写作出版自始至终的关注支持深表感谢。同时，由于切入角度不同，对于相关诗、词、曲、文名篇的诠解也仅是我们的一得之见，所以我们热望广大读者多提宝贵意见，书山有路勤为径，学海无涯乐作舟，愿读者诸君和我们一起愉快阅读经典的同时，换个角度，读出我们各自心目当中的经典。

庆振轩

二〇一三年八月于兰州

目　录

易代悲歌，故国心泪

明清易代，是中国历史上的一件大事，因为这次王朝的更迭不同于寻常。在当时汉族士人的眼中，盘踞关外的满族对于汉族来说乃异质民族，文化风俗等多有不同，明清易代在他们看来，不仅仅是政权的更替，更有来自文化上的忧虑，所以顾炎武有“亡国”和“亡天下”的辩论。面对神州陆沉，汉族士人特别是江南士子展开了激烈的抗争。本节“易代悲歌，故国心泪”即是对这一段词史的综括。

伴随着政治的动荡和政权的更换，文学史上的一件突出事情就是词体文学的复兴。清代词学复兴，号称中兴，在学界已为共识，关于中兴的原因，前贤今人之述备矣，无须多言。然清词中兴的一个重要特征却是抛弃了往日对风花雪月、浅斟低唱的描写，转而成为“存经存史”（陈维崧《词选序》）的文化载体，这里选的诸多词作就有这一特征。如无名氏的《西江月》即是对腐朽南明小朝廷的嘲讽，伍君定的《法驾导引》则是对真正爱国志士的颂扬，陈维崧的《八声甘州》则是江西反清斗争的写实；此外，吴伟业的《贺新郎》、徐灿的《踏莎行》、王夫之的《烛影摇红》等，既有对现实的悲鸣，又有个人因为种种原因而产生的悔恨怅惘之情。总而言之，他们用词的形式，记录了易代之际人们的一段痛苦的心灵史，让我们从文学的维度了解了历史的过程。

弓箭不如私荐，人材怎比钱财

——无名氏的《西江月》

明崇祯二年（1629），后金兴兵进犯朱明王朝，腐朽的明朝统治者仓促之间征集四方军队勤王，而甘肃、陕西、山西的勤王军队因为没有粮饷而哗变溃散。此时，原本在甘肃当兵的李自成也身在其中，他带领众人投靠王左挂起义，揭开了明末农民起义的大幕。明王朝在内忧外患之中苟延残喘，然而终究大厦难支。明崇祯十七年（1644）三月，李自成的军队攻陷北京，崇祯皇帝自缢于煤山（今景山）。然而此时，关外的清贵族也是虎视眈眈，趁机挥师入关，定鼎北京。

李自成

明王朝的残余势力在江南地主官僚阶层的支持下，于南京建立了南明王朝，福王朱由崧继位称帝，任用马士英、史可法为大学士，继续抗清。然而这是一个主体已经腐烂的政权，真正有心抗清的只是少数人，大多数人则是趁机从中捞取个人利益，如马士英之流皆是如此。据清人姚廷遴《历年记》记载："弘光继位南京，无一善政，用马士英为相，卖官鬻爵，贿赂公行。民间传诵，京中有《西江月》一词云云。"这首词是这样写的：

弓箭不如私荐，人材怎比钱财？吏兵两部挂招牌，文武官员出卖。

四镇按兵不举，东奴西寇齐来。虚传阁部过江淮，天子烧刀醉坏。

这首词把当时卖官鬻爵、结党营私的丑态刻画得淋漓尽致。据清人计六奇《明季南略》所言，马士英卖官鬻爵，一时乡邑哄传，其文大概是说马士英八月十八日癸卯，请免各府州县童生应试，用纳银的办法替代，并且分为不同的级别纳银，上户纳银六两，中户四两，下户三两。当时的溧阳知县李思谟违抗这一命令，不让童生纳银，受到降五级的处罚。与此同时，还诏行纳贡例，廪生纳银三百两，增六百两，附七百两。至明年(1645)正月十一日，制廪生加纳通判。又立开纳助工例，武英殿中书纳银九百两，文华中书一千五百两，内阁中书两千两，待诏三千两，拔贡一千两，推知衔两千两，其他的如监纪、职方，纳银数量不等，所有的这些都以助军为名。所以当时有人作打油诗嘲讽说：

中书随地有，都督满街走；
监纪多如羊，职方贱如狗。
荫起千年尘，拔贡一呈首；
扫尽江南钱，填塞马家口。

由这个材料我们可以看出，南明王朝，马士英当政之时，各级官位都是明码标价，武英殿中书的价位是九百两，文华中书是一千五百两，内阁中书是两千两，待诏是三千两，这些卖官的名义竟然是“助军”，而实际上则是当权者中饱私囊，如民歌所言“填塞马家口”，这些卖官得来的钱，最后装进了马士英家的仓库。实际上绝不只是马士英如此，他只是卖官鬻爵的一个代表而已，所以当时流传“中书随地有，都督满街走”。

当时的弘光皇帝也是腐化昏聩至极，计六奇《明季南略》中也曾指出这个贪婪的傀儡皇帝在南京“修兴宁宫，建慈禧殿，大工繁费”，他终日沉溺酒色，“惟以演杂剧、饮火酒、淫幼女为乐”（吴伟业《鹿樵纪闻》），故而词中有“天子烧刀醉坏”之言。这样的政权，焉有不亡的道理呢！

当时的南明小朝廷主要是依附几个对立的军事集团，其一是左良玉集团，另外则是号称江北四镇的军阀集团，左良玉与四镇集团之间存在着重重矛盾，而四镇之间也是各怀鬼胎，相互之间也存在着不可调和的矛盾，身在朝廷里面的马士英、阮大铖等主要依附江北四镇集团，一同在朝的东林余党则主要依附在左良玉麾下。这些不同的利益集团之间，没有在国家覆亡之际团结起来，联合对外，而是相互攻击，争权夺利，势如水火。腐朽的统治集团在私利和大义面前，总是不忘私利而抛弃公利，这只能遭到人们的唾弃。

东林书院

而这首《西江月》词，正是对当时马士英大肆卖官鬻爵和弘光皇帝昏庸淫乱的反映和嘲讽，从这首词背后的故事，我们看到了那个风雨飘摇的南明小朝廷，不仅不思进取，反而变本加厉地腐败，这只能加速这个腐朽小朝廷的灭亡。果然，顺治二年(1645)清廷的铁骑开进南京城，这个维持不到一年的政权就宣告覆灭了。

海畔一隅谁是主，天南万里未招魂

——伍君定的《法驾导引》

清军南下，势如破竹，不到一年的时间就摧毁了腐朽的南明政权，但是这只是清贵族夺取全国统治的开始。华夏民族素有华夷之辨，清贵族政权是由崛起于东北的少数民族建立起来的，在文化风俗上与汉族有所不同，所以清代学者顾炎武在《日知录》里有一段关于“亡国”与“亡天下”的辩论，其言曰：“有亡国，有亡天下。亡国与亡天下奚辨？曰：易姓改号，谓之亡国；仁义充塞，而至于率兽食人，人将相食，谓之亡天下。魏、晋人之清谈，何以亡天下？是《孟子》所谓杨、墨之言，至于使天下无父无君而入于禽兽者也。”在顾氏看来，一姓王朝更替，此亡国之谓，这只是关系到统治阶层利益的变换，而亡天下则是文化命脉的切断，甚至民族的灭亡，比亡国更为可怕。按照当时的民族观点来看，满族贵族入主中原，不只是亡国，因为两者文化习俗之不同，例如汉族视身体发肤如生命，满族贵族入关则要求汉族改变这种文化观念，剃发臣服，这在汉人看来是不可容忍的。因此不断有人起来反抗清的统治，李定国、孙可望等人即是。

顾炎武像

但是这些人也是只顾私利的小人，他们其实也是打着抗清的旗号捞取个人的私利，孙可望杀死严起恒一事即是如此，这可以从时人伍君定的《法驾导引》一词中见出端倪：

梁家渡，梁家渡，野虎负来人。海畔一隅谁是主，天南万里未招魂。此处且安身。

这首词中记载着一个血淋淋的故事，而孙可望就是这幕惨剧的导演者。孙可望本是张献忠的义子，张献忠在四川西充战死后，孙可望和李定国等人接掌了军权，他们联明抗清。孙可望以云贵为据点，在反清队伍中势力较为强大，但是其人骄纵跋扈，如清人毛奇龄《西河词话》中所说“滇中抗清师时，有李安西、孙安南二人，皆献贼假子孙，最跋扈。”史学家顾诚在《南明史》中这样评价孙可望操控下的南明政权：“孙可望自从把永历帝迁到安龙以后，朝廷大权已经完全被他掌握。所谓永历朝廷不过是个虚有其名的空架子，仅靠一小批扈从文武官员勉强支撑门面。军国大事都由孙可望在贵阳裁决，然后在形式上通知永历帝认可，日常事务则根本不关白朝廷。”他曾经请永历帝封他为秦王，但是遭到大臣严起恒的反对，于是孙可望恼羞成怒，杀死了严起恒，这个在《明史》列传第一百六十七严起恒的传记中有较为详细的记载：

> 先是，孙可望据云南，遣使乞封王。天麟议许之，起恒持不可。后胡执恭矫诏封为秦王，可望知其伪，遣使求真封。起恒又持不可，可望大怒。至是，可望知王播迁，遣其将贺九仪、张胜等率劲卒五千，迎王至南宁，直上起恒舟，怒目攘臂，问王封是“秦”非“秦”。起恒曰：“君远迎主上，功甚伟，朝廷自有隆恩。若专问此事，是挟封，非迎主上也。”九仪怒，格杀之，投尸于江。遂杀给事中刘尧珍、吴霖、张载述，追杀兵部尚书杨鼎和于昆仑关，皆以阻封议故。时顺治八年二月也。起恒既死，尸流十余里，泊沙渚间。虎负之登崖，葬于山麓。

国运飘摇，打着反清复明旗号的军阀们其真意其实并不在于对抗清廷、恢复故国，在他们看来，个人的名号、利益永远重于国家民族利益，他们甚至为了个人利益不惜对朝中大臣和正义之人痛下杀手，严起恒就是这样被他们杀死的。

然而严起恒被杀这件事在当时有不同的版本，毛奇龄的《西河词话》中也讲到这个故事，说严起恒视师南梧，把船停在江中，忽然得到孙可望到来的消息，于是严起恒迎接孙可望的到来，孙可望握着严起恒的手说：“我不会杀你的头，但是要给你洗洗胃。”于是派军士把严起恒投入江中，大家都惧怕孙可望的淫威，不敢营救，孙可望就这样嚣张地杀死了严起恒。然而怪事出现了：“距浃旬，梁家渡口见虎来，踰水而出，负一冠带尸登岸徐行。居民见者，噪随之，虎不少动，但从容相高阜，卸所负，四顾周遭既定，复绕之两匝，号而去。居民远近竞来观。迫暮，有伍君定者后至，惊认之，曰：‘此相国严君也。’君右目不瞑，颡前网裂数寸，而颡不少损，于是居民争易衣殓之，瘗虎负所，名曰‘虎冢’。计大黄江至此逆流而上已百二十里矣。时伍君定制一词名《法驾导引》，使居民歌之。”（《西河词话》）相比之下，这个版本更有传奇性，严起恒被孙可望残杀之后，其尸体竟然溯流而上，漂泊一百二十里，更为传奇的是尸体被老虎打捞上来，老虎没有蚕食严君的尸体，反而绕之两圈，然后呼号而去。后来伍君定认出了这是严起恒的尸首，于是大家把他埋葬在老虎负尸所停的地方，命名为“虎冢”。而后伍君定还写了这首《法驾导引》的词，让当地老百姓传唱。

不管这个故事的真实性如何，但是它至少向我们暗示了人民对真正反清义士和国家忠臣的赞誉和推崇。当人们在传唱伍君定《法驾导引》这首词的时候，人们自然会怀念这位忠贞不贰、刚直不阿的大臣严起恒，这首词也因为这个“本事”而透露出清人的“词史”意识，在诗史之外，别立词史一科，词这种文学体式，在明清易代之际，发挥着存词存人的功效，为清词的发展奠定了良好的开端。

绿窗人去住，红粉泪纵横
——吴伟业的《临江仙》

落拓江湖常载酒，十年重见云英。依然绰约掌中轻。灯前才一笑，偷解砑罗裙。

薄幸萧郎憔悴甚，此生终负卿卿。姑苏城上月黄昏。绿窗人去住，红粉泪纵横。

以上这首词，是清代大诗人吴伟业写给秦淮名妓卞玉京的，是他们一段恋情的记录。

吴伟业像

吴伟业是明清易代之际的文坛大家，他字骏公，号梅村，又号鹿樵生，江南太仓人。他天性聪颖，十四岁就曾因为文章华美受到同乡张溥的赏识，成为张溥的得意门生。吴梅村年轻的时候就赢得了才名，科举事业也是一帆风顺，他在崇祯四年(1631)就中会试第一名殿试第二名，授为翰林院编修，那时他仅仅只有二十三岁，可谓已经暴得大名。崇祯十四年左右，吴伟业在江南任上结识了当时的名妓卞玉京，经过几次交往，卞玉京爱上了这位江南才子。吴梅村《梅村家藏稿》卷十《过锦树林玉京道人墓·序》记载：

玉京道人，莫详所自出，或曰秦淮人，姓卞氏，知书，工小楷，能画兰，能琴。年十八，侨虎丘之山塘。……其警慧虽文士莫及也。与鹿樵生一见，遂欲以身相许。酒酣，拊几而顾曰："亦有意乎？"生固为若弗解者。长叹凝睇，后亦竟弗复言。寻遇乱别去，归秦淮者五六年矣。

从中我们可以看到，卞玉京十分仰慕吴梅村，并且大胆主动示爱，打算以身相许，可惜的是吴梅村当时对这个大胆的表白不置可否，装作不懂，实际上就是没有接受卞玉京的爱情，后来卞玉京也再没有示爱的举动，这件事就此打住。后来战乱纷纭，人物飘摇，然而爱情的种子却深深地埋在了吴伟业的心底，也埋下了终身的遗憾。

甲申事变之后，转眼又过了数年，此时卞玉京已经委身他人。一次在常熟钱谦益家中喝酒，钱氏自告奋勇，用车子接卞玉京来与吴伟业相会，但是却遭到了卞氏的委婉拒绝，吴伟业的《梅村诗话》中是这么记述的："余在东涧宗伯座，谈及故人。东涧云：'力能致之。'呼舆往迎。续报至矣，已而登楼，托以妆点始见。久之云：'痁疾骤发，请以异日访余山庄。'余诗云：'缘知薄倖逢应恨，恰便多情唤却羞。'此当日情景实语也。"这次相见的失败，更加增添了吴梅村的思念之情。然而终究没有如愿，诗人只能怅然若失，诗人饱含深情写下了《琴河感旧》四首，并在诗序中表达了他的思念失落之情，如在第四首中作者写道：

休将消息恨层城，犹有罗敷未嫁情。
车过卷帘劳怅望，梦来携袖费逢迎。
青衫憔悴卿怜我，红粉飘零我忆卿。
记得横塘秋夜好，玉钗恩重是前生。

当年卞玉京主动以身相许，现在回忆起来，仿佛是"前生"的事情，真是世事恍如一梦中。到了顺治八年（1651），诗人在横塘舟上，终于见到了魂牵梦绕的恋人，并把此前写的《琴河感旧》四首送给了卞玉京。这次横塘相会，诗人感慨颇深，于是又写下了我们开头所引的那首《临江仙》的词。

吴伟业画

词的开头即用了杜牧"落拓江湖载酒行"的诗意，十年一晃，飘零落魄，然而旧日情怀始终没有忘记，所以“十年重见云英”，这又是多么令人激动，往日的恋人依然绰约，偷偷一笑，又是何其欢愉。但是玉人已经委身他人，终究不能再续姻缘，诗人面对曾经的错误抉择，终究是追悔莫及，“此生终负卿卿”，歉疚和悔恨交织萦绕，但是一切都无法挽回。最后，词人想象着别后的卞玉京也是泪水纵横，这多少借用了杜甫《月夜》的表现手法，明是写卞氏对自己的思念，实际上是自己对这段感情难以割舍。

人总是这样，容易得到时不知道珍惜，真正失去了，才知道追悔莫及。而这首《临江仙》背后的故事，也让我们看到了大诗人吴伟业对爱情的缠绵和失落之情。

艾灸眉头瓜喷鼻，今日须难决绝

——吴伟业的《贺新郎》

满族贵族问鼎中原之后，对汉族知识分子采取“大棒加胡萝卜”的政策，一方面对汉人的民族反抗进行镇压，一方面又实行怀柔政策对汉族士子进行拉拢。为了扫平障碍，清政府对江南实施了血腥的军事镇压，诸如史上有名的“扬州十日”“嘉定三屠”，暴行令人发指！为了打击汉族士人的排清意识，达到钳制思想消除异端的政治目的，清王朝加强了对知识分子意识形态的控制，加大了对汉族士子尤其是江南士子的打击力度，这主要体现在科场案、奏销案，以及大量文字狱案件上，诸如明史案、《南山集》案等。然而满族贵族知道仅靠暴力统治是不行的，要达到收拾人心巩固统治的目的，必须恩威并重，进行拉拢，如征召名流入仕，开博学鸿词科，纂修明史等。

吴伟业因为很早就声名在外，影响很大，所以成为清朝统治者拉拢收买的对象，强行令他出仕。面对强权，以及拒绝之后随时可能遭受的灭门之灾，吴伟业违心出仕了，这对他来说，真是一个痛苦的抉择。在其《贺新郎·病中有感》一词中，词人用沉痛的笔调写道：

> 万事催华发。论龚生、天年竟夭，高名难没。吾病难将医药治，耿耿胸中热血。待洒向、西风残月。剖却心肝今置地，问华佗解我肠千结。追往恨，倍凄咽。
>
> 故人慷慨多奇节。为当年、沉吟不断，草间偷活。艾灸眉头瓜喷鼻，今日须难决绝。早患苦、重来千叠。脱屣妻孥非易事，竟一钱不值何须说。人世事，几完缺？

顺治十年（1653）秋，吴伟业在清廷的强征下远赴京城，顺治十一年授秘书院侍读，顺治十三年转任为国子监祭酒，同年底以母丧请辞归家，再没有复出。

但是这段出仕的经历给他留下了深深的屈辱之感和悔恨之意。

古代知识分子极重气节，历来就有不仕二姓的传统，也即是如果在前朝出仕过，或者取得过前朝的功名，那么生是前朝的人，死是前朝的鬼，如果改朝换代之后变节出仕，那将是一个极大的耻辱，甚至会留下千古骂名。正是因为这一文化传统的浸润，中国历代王朝更迭之后，就会出现大量的遗民，这些遗民以气节自许，高蹈肥遁，不仕二主，赢得了后世的同情与赞美。然而可怜的吴伟业硬是没有顶住压力，他毕竟违心出仕了，这也成为他永久的心灵创伤。

据清人顾师轼的《梅村先生年谱》所言，这首词的写作时间是康熙十年（1671），也即是吴梅村去世的那一年，也有人认为这首词写于吴梅村仕清之初，还有人说这首词是吴梅村的临终绝笔，据当代学者考证，顾师轼的说法大抵可信（参见陈继龙《吴梅村词笺注》）。另外，钱仲联根据谈迁《北游录》中的记载，认为这首词的写作年代距吴伟业谢世还有十五年之久（参见钱仲联《清词三百首》）。吴伟业康熙十年（1671）含恨而逝，上推十五年该是顺治十四年（1657），亦是入仕之后的作品。因此不管是不是绝笔，这首词都表现了作者对仕清经历的痛苦和悔恨之情。

渔舟逐水爱山春两岸桃花夹古津
坐看红树不知远行尽清溪不见人
山口潜行始隈隩山开旷望旋平陆
遥看一处攒云树近入千家散花竹
樵客初传汉姓名居人未改秦衣服
居人共住武陵源还从物外起田园
月明松下房栊静日出云中鸡犬喧
惊闻俗客争来集竞引还家问
都邑平明闾巷扫花开薄暮渔樵
乘水入初因避地去人间更问成仙遂
不还峡里谁知有人事世中遥望空
云山不疑灵境难闻见尘心未尽思
乡县出洞无论隔山水辞家终拟长
游衍自谓经过旧不迷安知峰壑今
来变当时只记入山深青溪几度
到云林春来遍是桃花水不辨仙
源何处寻
丙申春日
石翁老先生属写桃源图
并书摩诘长句
弟吴伟业

吴伟业手迹

这首词上阕极写自己因为苟活而造成的内心伤痛，词中引用《汉书·龚胜传》的典故，龚胜在王莽篡汉之后，坚决不仕，绝食而死，由此来对比自己出仕行为，不禁为之“追往恨，倍凄咽”，悔恨之情，可以想见。下阕拿自己和前人的气节对照，为了儿女私情而“草间偷活”，变节出仕，给自己留下了奇耻大辱，以至终生引以为恨。据《柳塘词话》等史料记载，吴梅村临终前嘱咐后人，等他死后用僧衣装殓，题“诗人吴梅村之墓”，可见至死作者也没有解除心中的痛苦和悔恨。这也难怪清人陈廷焯在《白雨斋词话》中说：“《贺新郎》一篇，梅村绝笔也。悲感万端，自怨自艾。千载下读其词，思其人，悲其遇，固与牧斋不同，亦与芝麓辈有别。”陈氏将这首词作为梅村绝笔来读，不是没有原因的。

在当今这样一个人人盼望出名要趁早的年代，回顾吴梅村的这首词以及词中的故事，我们似乎可以这样说，出名趁早，有时候并不是一件好事！

碧云犹叠旧河山，月痕休到深深处

——徐灿的《踏莎行》

明清易代，面对神州陆沉，有的人奋起抗清，有的人高蹈肥遁，也有人抵不住功名的诱惑，转而投靠了新朝，比如吴伟业的儿女亲家陈之遴。他本来是明崇祯十年（1637）的进士，授编修，接受了明朝的功名，但是在顺治二年（1645）却投诚清朝，做了秘书院侍读学士，并且一路飙升，做到弘文院大学士，这与他的亲家吴伟业形成了鲜明的对比。

作为陈之遴的妻子徐灿，面对丈夫的变节仕清，尽管内心有不同的意见，但是在一个男尊女卑的社会，女人要服从“三从四德”的道德律令，既嫁则从夫，陈之遴既然投靠了新的王朝，那么她也只能默然从之。当然嘴上不批评丈夫的变节行为，并不代表就赞同这种行为，其实在徐灿的许多词作中，都充满了一种故国之思，这多少是对陈之遴的变相否定吧。如其一首《踏莎行》：

芳草才芽，梨花未雨。春魂已作天涯絮。晶帘宛转为谁垂？金衣飞上樱桃树。

故国茫茫，扁舟何许？夕阳一片江流去。碧云犹叠旧河山，月痕休到深深处。

清兵攻下江南之后，陈之遴出仕新朝，徐灿也不得不紧随其后，携家北上，这首词大概就是写于北上的途中。其时当在早春，芳草才吐出嫩芽，梨花还没有开放，但是春天的脚步正悄悄走近我们，这如果在正常的情况下，一切诗人词客都应该是用欢快的笔调来书写这样充满勃勃生机的春景。但是很显然，我们从词作中看不出词人半点的兴奋之情，春魂早已如同柳絮一般吹到天涯去了。春魂漂泊，词人何尝不是如此，因为丈夫出仕清廷，她也不得不北上京城，而自己的江南故居，则是人去楼空，一句“晶帘宛转为谁垂”，道出了词人对江南青春、爱情、婚姻生活的无限追忆之情。

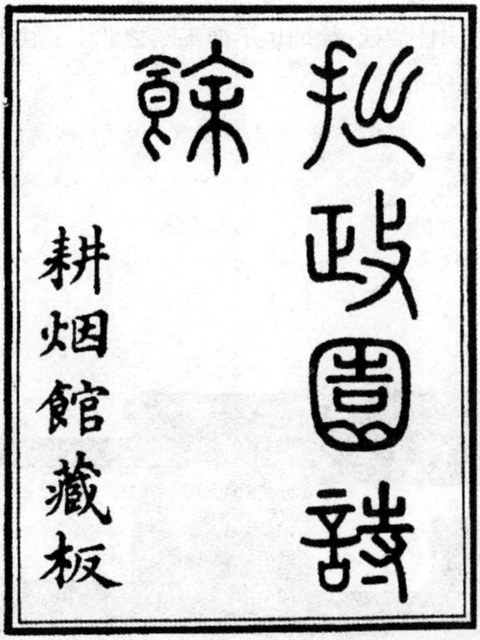

徐灿《拙政园诗余》清刻本

据说陈之遴丧原配之后，曾经游玩苏州，避雨于徐氏园，徐灿的父亲赏识陈之遴，于是将女儿许配给了陈氏（钱仲联《中国文学家大辞典·清代卷》）。徐灿在嫁给陈氏之前，已经颇通诗书，还常与其他女性一起互相唱和。婚后夫妻生活也很和美，这个在陈之遴《拙政园诗余序》曾有记录：

丁丑通籍后，侨居都城西隅，书室数楹，颇轩敞。前有古槐垂阴如车盖，后庭广数十步，中作小亭，亭前合欢树一株，青翠扶苏，叶叶相对，夜则交敛，侵晨乃舒。夏月吐华如朱丝，余与湘蘋觞咏其下，再历寒暑，闲登右小丘，望西山云物，朝夕殊态。时史席多霞，出有朋友之乐，入有闺房之娱。湘蘋所为诗及长短句，多清新可诵。寻以世难去国，绝意仕进。湘蘋所咏益广，好长短句愈于诗，所爱玩者南唐则后主，宋则永叔、子瞻、少游、易安，明则元美。若大晟乐正辈，以为靡靡无足取，其论多与余合。

从中我们可以看出，婚后夫妻生活美满幸福，而且有共同的文学兴趣和审美爱好，他们在一起写诗填词，吟咏唱和，这些都留下了美好而惬意的回忆。但是随着明清易代，战乱打破了他们平静而幸福的生活。不久陈之遴就违背了“绝意仕进”的誓言，出仕清廷，徐灿也不得不随之北上。由此看来，女词人北上郁郁不乐确实是有原因的。

拙政园

词的下阕，开篇就是“故国茫茫，扁舟何许”，故明已经覆亡，面对天崩地坼的巨变，个人的力量又能如何呢？有如一叶扁舟，漂泊在大海之上，孤独而无力。结拍中的“旧河山”正好照应前面的“故国”，尽管山河还是原来的山河，但是它已经被改变了主人，令人伤痛。

一首词是一段心曲，透过故事的背后，我们看到了女词人对山河易姓、故国覆亡的无限伤痛，难怪清代词人谭献在《箧中词》中这样评价到“兴亡之感，相国愧之”，陈之遴确实应该感到惭愧！

念畴昔风流，暗伤如许

——柳如是的《金明池》

中华女子自古多奇杰，柳如是也应纳入“奇杰”之中。柳如是与徐灿同为女子，但是民族气节却重于一般男子。徐灿面对丈夫陈之遴变节仕清，只是内心抑郁寡欢，而柳如是面对国家覆亡，则是鼓励丈夫钱谦益殉国，后来又鼓励钱氏从事反清复明的工作。因此可以说，在民族大义上，柳如是比徐灿的觉悟更高一筹。那么柳如是是何人物呢？

著名学者陈寅恪在《柳如是别传》中对柳氏的生平经历多有钩沉，其情况大概是这样的：柳如是本来姓杨，名爱，后来改名柳是，字如是，号我闻室主，人称其为河东君，浙江嘉兴人。柳如是先是委身陈子龙，但是不能见容与陈氏的大夫人张氏，故而离异。“河东君之与大樽，其关系虽不善终，但两方之情感则皆未改变，而大樽尤缱绻不忘旧欢，屡屡形之吟咏。然则其割爱忍痛，任河东君之离去而不能留之者，恐非仅由河东君之个性放诞使然，亦实因大樽妻张氏之不能相容，即不能受河东君之气如牧斋夫人者，有以致之也。”可见这次婚姻是一个悲剧性结局。崇祯十三年(1640)，柳如是见到钱谦益，一见倾心，于是嫁给了钱氏，成为其侧室，夫妻生活和美恩爱，钱谦益构绛云楼与之同居，相互酬唱，过了一段快乐的时光。

柳如是画像

然而他们的悲剧也是随着明清易代的到来而开始的。清军南下，兵临城下，破城在望，“乙酉五月之变，君劝宗伯死，宗伯谢不能。君奋身欲沉池水中，持之不得入”。柳如是劝钱谦益投湖自杀殉国，可是懦弱的钱氏面对死亡的考验终于软弱下来，拒绝了这一请求，柳如是自己欲投水自尽也被钱氏救了下来。后来，柳如是又继续鼓励钱谦益从事反清活动。总之，在民族大义面前，柳如是可谓巾帼不让须眉。柳氏的代表作有《金明池·寒柳》：

> 有恨寒潮，无情残照，正是萧萧南浦。更吹起、霜条孤影，还记得，旧时飞絮。况晚来、烟浪迷离，见行客，特地瘦腰如舞。总一种凄凉，十分憔悴，尚有燕台佳句。
>
> 春日酿成秋日雨。念畴昔风流，暗伤如许。纵饶有、绕堤画舫，冷落尽，水云犹故。忆从前、一点春风，几隔着重帘，眉儿愁苦。待约个梅魂，黄昏月淡，与伊深怜低语。

据陈寅恪《柳如是别传》所言，这首词与其《垂杨碧》一词，大概是柳如是离开陈子龙之后所写，但是陈寅恪也没有确定的结论，只是一种猜测而已。根据词中的意脉，把它当作亡国之词来读，也未尝不可。

柳如是画迹

词的上阕，就极力渲染一种悲苦凄迷的情景，寒潮频袭，残照凄凉，秋柳在这种肃杀的氛围中也显得瘦弱不堪，这不正是在国破家亡背景下的一种凄凉写照吗？面对现实的残破，人们总是不禁会思量过去的美好，反过来说，对过去美好的回忆，则往往是对现实不好的一种变相的逃避或谴责。但是曾经的美好终究成为过往，一去不复返，人总还是要回到现实之中，这只能倍增惆怅之情，所以下阕词人写到“念畴昔风流，暗伤如许”，如果仅仅认为词人“暗伤”的是往日快乐的爱情生活，那么恐怕多少有些贬抑了这位气节高扬的女词人了。从前面我们对其生平故事的勾勒，我们也可看出柳如是确实是一位不让须眉的奇女子，因此，与其说是对往日爱情生活的伤悼，不如说是对国破家亡的痛惜。所以清代词论家谢章铤在《赌棋山庄词话》中对柳如是这首词大加赞赏，其言云：“味其词，正有无数伤心处也。乃风尘虽脱，而依归尚非第一流，卒之君负国，妾不负君，苍凉晚节，此尤红颜之薄命欤。使当日不见拒于黄陶庵，则依傍忠魂，岂至留此一重缺憾哉。……嗟乎，明社将屋，青楼女子独多倜傥不群。”这位倜傥不群的奇女子该让易代之际的诸多士子须眉感到羞愧了。

骖鸾不待玉京游，难挽瑶池辄

——王夫之的《烛影摇红》

满族贵族在夺取中原政权之后，采取民族歧视和民族高压政策，引起了汉族士子的极端不满，于是汉族地主阶层一度联合朱明王室后裔，进行反清工作。其中有名的如福王朱由崧在南京建立的弘光小朝廷，唐王朱聿键在福州建立的隆武小朝廷，以及桂王朱由榔在肇庆建立的永历小朝廷。福王和唐王建立的政权没有支撑多久就相继覆灭，只有朱由榔的政权维持了十六年之久。

朱由榔本是个昏庸无能的主，俗话说，知子莫若母，当初在汉族地主阶层瞿式耜等扶持朱由榔登基的时候，他的母亲就曾经指出：“诸臣何患乎无君！吾儿仁柔，非拨乱才，愿更择可者。”（计六奇《明季南略》）这是一位英明的母亲，明确指出儿子性格的弱点，不是振危扶困的大才。但是大臣们在仓促之下顾不了这么多，昏庸的永历帝还是被扶上了台。永历帝上台之后，军事上主要倚仗孙可望、李定国等张献忠的余部，然而这个小朝廷内部也是争斗不断，在前面讲伍君定的《法驾导引》时我们就曾说过，这些军阀集团的真正目的不在抗清，而是捞取自己的私利，其内部争斗也非常激烈。所以顺治十八年（1661），清军终于攻破云南，残存的永历政权宣告覆亡，永历皇帝不得不远走缅甸。此时缅甸小王朝内部也是争斗不断，他们内部发动了政变，并且希望得到明朝皇帝的承认，但是永历帝拒绝了这一请求，于是被缅甸新王囚禁。这时吴三桂已是大军压境，缅甸新王于是将永历帝送给了清军，于次年被绞死，终年40岁。复明的最后一点希望也破灭了，这给汉族士子带来了巨大的心理创

永历帝朱由榔

伤。清代大学者王夫之便是其中之一，在他的很多词作中，都有对故明和永历帝的哀悼，如其《烛影摇红》一首：

瑞霭金台，琼枝光射龙楼雪。群仙笑指九阊开，朱凤翔丹穴。云暗雁风高揭，向海屋重标珠阙。彩鹓飞舞，日暖霜轻，小春佳节。

迢递谁知，碧鸡影里催啼鴂。骖鸾不待玉京游，难挽瑶池辙。黄竹歌声悲咽，望翠瓦、双鸳翼折。金茎露冷，几处啼乌，桥山夜月。

王夫之像

我们知道，王夫之字而农，号姜斋，是崇祯十五年(1642)的举人，尽管此时明王朝已经风雨飘摇，但是他毕竟是取得了明朝的功名，作为一名有气节的士人，这就奠定了他一生的政治立场，也即是支持明朝。明朝灭亡之后，王夫之曾经在衡山举兵抗清，结果败走肇庆，经过瞿式耜推荐，成为南明桂王朝行人司行人，继续抗清。瞿式耜死后，王夫之知道抗清之事不可为，于是隐居湘西一带四十余年，以著述终老。尽管王夫之隐居了，但是明王朝灭亡给他内心造成的伤痛，却并没有随之而去，如上面这首词，就是其伤痛流涕的心理见证。

词的上阕，是一片生意盎然的景象，“金台”“龙楼”辉映，“彩鹓飞舞，日暖霜轻，小春佳节”，正是一片万物复苏的景象。但是好景不长，词的下阕急转直下，“碧鸡”指云南碧鸡山。“啼鴂”，化用屈原“恐鹈鴂之先鸣兮，使夫百草为之不芳”，桂王最终还是被执绞杀于云南。“骖鸾不待玉京游，难挽瑶池辙”，一切都难以挽回，最后那个在月下凄厉的啼乌，不正是作者对永历帝深沉的哀悼么？

词学家龙榆生在《读王船山词记》中曾经对这首词这样评价：“至于怆念故君，则有题标‘十月十九日’的《烛影摇红》。那天是永历帝的诞辰，永历帝遇害业已经过相当长远的时间，而王船山余悲未沫，触事生哀，故有‘金茎露冷，几处啼乌，桥山夜月’的结笔。”如果说一首词是一支心曲，那么龙榆生则是真正懂得

“心曲”的听众。南明王朝的覆亡，给当时的汉族知识分子留下了无尽的感伤和痛苦，他们化心血为悲歌，谱写了一曲曲哀婉感人的心曲，记录着那个血染腥风的年代的种种故事，供后人凭吊。

万里风霜吹短褐，游戏侯门趋走

——龚鼎孳的《贺新凉》

曲艺在中国起源很早，而所谓的“曲艺”，其实就是以口头语言进行说唱的表演艺术，如《左传》中记载：“史为书，瞽为诗，工诵箴谏，大夫规诲，士传言，庶人谤，商旅于市，百工献艺。故夏书曰：道人以木铎徇于路，官师相规，工执艺事以谏。”这里的“为书”“为诗”等献艺活动，其实都蕴藏着说唱表演艺术的因素。随着经济文化的发展，说唱技艺也逐渐专门化，隋唐时代的“话本”“变文”等证明当时的说唱艺术应该非常发达。到了宋代，市民群体及市民经济的发展，说唱曲艺越发兴盛，这些在宋人孟元老的《东京梦华录》、周密的《武林旧事》中还可以看到当时的盛况。元明以降，说话曲艺继续发展，并出现了道情和弹词等新的曲艺品种。特别是明末清初，出现了柳敬亭这样的曲艺大家。

柳敬亭，原本姓曹，名永昌，生于泰州。年轻的时候也颇轻狂无赖，还犯过法，在别人的帮助下才逃走，于是改姓柳，因为脸上有麻子，所以人称柳麻子。柳敬亭在莫后光的指导帮助下，不断学习揣摩说书技艺，最后达到“言未发而哀乐具乎其前，使人之性情不能自主，盖进乎技矣”（黄宗羲《柳敬亭传》）的精妙程度。此后柳敬亭正式开始了他的说书生涯。据明人张岱的《陶庵梦忆》中记载，柳敬亭一天只说一回书，而且门票价格很高，要一两银子。并且要提前十天预订，尽管是这样，还时常订不到票。张岱还专门详细记述了柳敬亭说书的一些细节：“余听其说《景阳冈武松打虎》白文，与本传大异。其描写刻画，微入毫发，然又找截干净，并不唠叨。㕭夬声如巨钟，说至筋节处，叱咤叫喊，汹汹崩屋。武松到店沽酒，店内无人，謈地一吼，店中空缸空甓皆瓮瓮有声。闲中着色，细微至此。主人必屏息静坐，倾耳听之，彼方掉舌。稍见下人呫哔耳语，听者欠伸有倦色，辄不言，故不得强。每至丙夜，拭桌剪灯，素瓷静递，款款言之，其疾徐轻重，吞吐抑扬，入情入理，入筋入骨，摘世上说书之耳而使之谛听，不怕其不齰舌死也。柳麻子貌奇丑，然其口角波俏，眼目流利，衣服恬静，直与王月生同其婉娈,故其行情正等。”生动地记叙了柳敬亭说书的情景。

柳敬亭说书

清军入关之后,左良玉带兵渡江南下,有人把柳敬亭介绍给左良玉,左氏很看重柳敬亭,并且让柳敬亭参与军机要务。当时艺人被视作娼妓一类,社会地位很低,但军中没有人把他当作一个说书的戏子来看待。然而南明王朝很快灭亡了,柳敬亭不得已又重操旧业,因为他的人生经历很丰富,又亲自参加过抗清斗争,丰富的人生经历和娴熟的说书技艺进一步融会贯通起来,他的说书技艺越发精进了。如黄宗羲所言:“敬亭既在军中久,其豪猾大侠、杀人亡命、流离遇合、破家失国之事,无不身亲见之,且五方土音,乡俗好尚,习见习闻。每发一声,使人闻之,或如刀剑铁骑,飒然浮空,或如风号雨泣,鸟悲兽骇,亡国之恨顿生,檀板之声无色,有非莫生之言可尽者矣。”(《柳敬亭传》)

柳敬亭在易代之后,再至京师,山河虽在,国家易主,兴亡之感,怎能不发?柳敬亭与当时京师名流遗逸多有交往,并曾经请曹贞吉题词一首,因为名流和圈子效应,这首词引来众多词人的唱和,如陈维崧、曹尔堪、汪懋麟等,其中地位较高、词作影响尤大的允推龚鼎孳,其词曰:

鹤发开元叟。也来看、荆高市上,卖浆卖狗。万里风霜吹短褐,游戏侯门趋走。卿与我、周旋良久。绿鬓旧颜今改尽,叹婆娑、人以桓公柳。空击碎,唾壶口。

江东折戟沉沙后。过青溪、笛床烟月，泪珠盈斗。老矣耐烦如许事，且坐旗亭呼酒。判残腊、销磨红友。花压城南韦杜曲，问球场、马弰还能否？斜日外，一回首。

龚鼎孳是安徽合肥人，在明朝崇祯七年（1634）考取了明朝的进士，曾经官兵科给事中。李自成的农民军入京之后，他留任直指史。清军入关之后，他又被起用，官至左都御史。此后官职有升有降，曾经做到礼部尚书这样的大官。很多人认为龚鼎孳这样的人气节不足取，因此报以鄙薄之心。这其实是没有设身处地地为古人着想，说通俗点即是站着说话不腰疼，在强大的暴力机器面前，明朝的军队、大顺的军队都呈现出摧古拉朽之势，龚氏乃一文士，他又能怎样？而且龚鼎孳在京中凭借自己的地位还保全、供给了很多遗民故老，也受到了遗逸的赞扬，据王晫《今世说·政事》篇中所言，龚鼎孳“尤好汲引善类，奖借后进，学者仰之如山斗”，可见龚氏在当时还是颇受学者文人欢迎的。此外，龚鼎孳的内心并不是没有故国之思的，只是因为当时大势已去，这种故明只能以一种较为隐晦的方式来表达，一如这首《贺新凉》词。

词的上片，以荆轲、高渐离比拟柳敬亭，说明他并非寻常的艺人可比，“万里风霜吹短褐，游戏侯门趋走”，是对柳敬亭过去经历的追叙。前文我们说过，柳敬亭曾经在左良玉幕下，为左良玉出谋划策，积极从事反清复明工作，他当时穿着粗布衣服，迎霜冒雪，不辞劳苦，这不正是“天下兴亡匹夫有责”的真实写照吗？“卿与我、周旋良久”，则是进一步交代了两人的交往史，词人与柳敬亭很早就相识，而且打过交道，现在山河异姓，一个身在清廷为官，一个飘零江湖，卖艺为生，但是这并不影响他们之间的情谊。然而岁月终究是无情的，曾经的黑发少年，如今也是白发苍苍，但是岁月并没有磨掉柳敬亭的豪侠意气，“空击碎，唾壶口”，化用了《世说新语》中的典故，说明他英雄本色依然在。

词的下片，起句即是“江东折戟沉沙后”，化用了唐人杜牧“折戟沉沙铁未销，自将磨洗认前朝”的诗意，显然这是指明清易代、山河易主的事情，这些对汉族士子来说，是一件沉痛的往事，可见国破家亡，龚鼎孳并不是没有感觉。“过青溪、笛床烟月，泪珠盈斗”，这里的清溪实指南京，笛床则是秦淮河歌舞升平的写照，但是故国已亡，往日的繁华不再，词人泪珠盈斗，悲痛之情，溢于言表。旗亭呼酒，城南韦杜，球场驰射，都成为过往，想起这些，无不令人伤痛。

“老矣耐烦如许事,且坐旗亭呼酒”,清统治中国已经成为事实,无法改变了,而且他们都年事已高,实在禁受不起那么多伤痛的往事,只能故作轻松,呼酒买醉,了此残生吧。

总的说来,这首词通过叙写柳敬亭这样一个明清易代之际的标志性人物,抒发了作者埋藏心底的兴亡之感、故国之思,具有存人存史的词史意义。

空余千缕秋霜，凝泪思君断肠

——陈沅的《转应曲》

“恸哭六军俱缟素，冲冠一怒为红颜”，这句脍炙人口的名句出自清初大诗人吴伟业的《圆圆曲》，清代诗词研究专家严迪昌先生认为这首《圆圆曲》最能够代表“梅村体”的特色，是“诗史风范和哀艳情韵相结合的第一名篇”（严迪昌《清诗史》）。明崇祯十七年（1644），李自成的农民军攻陷北京，崇祯皇帝见大势已去，绝望之下，自缢而死，统治中国近三百年的明朝灭亡，对于汉族地主阶层来说，这无异于天崩地坼的大事，正当三军将士为故明帝王的死去痛苦服丧的时候，一员大将却是怒发冲冠，据说他的这一切都是为了自己的一个“红颜”，显然，这员大将就是吴三桂，红颜即是其妾陈沅。

吴三桂大家都熟悉，他出身官僚家庭，他的父亲吴襄是明朝的一员武将，舅父祖大寿也是辽东地区的实权人物，明朝东北的边防，主要就是靠祖大寿来维持。吴三桂在当时，无疑是“官二代”阶层，他依靠父亲、舅父的关系，迅速飙升，飞黄腾达，然而这位官爷却也是名多情的种子，《清史列传》中说：“先是，三桂尝就嘉定伯周奎饮，悦歌女陈沅，以千金购之。”写得很简略。那么陈沅到底是什么来历呢？晚清民初的词学家况周颐在《蕙风词话》中对其生平有一个相对详细的钩沉，其云：

> 按它书载圆圆本邢姓，滇南邸中称邢夫人。据志，则实陈姓，非邢姓矣。暇日因捃摭圆圆事实牵连记之。圆圆名元（一作沅），初与某公子有生死盟。田皇亲购得之。公子遣盗劫之江中，误载它姬以还。盗再往，已有备矣。力战易归。已而事露，祸且不测，公子度不能争，遂以献。见《众香集》小传（华亭王鸿绪、玉峰徐树敏及渔洋、迦陵诸名辈撰定国朝闺秀词，名《众香集》）。圆圆工倚声，有《舞余词》。

陈圆圆画像

这则材料较为详细地记述了陈圆圆的生平，但是有一点是不同的，即是关于崇祯帝的外戚究竟是谁的问题，《清史列传》中说是周后家的周奎，但是况周颐依据的史料则说是田妃家的田宏遇。这些疑题尚需学界进一步廓清迷雾。但是可以肯定的一点是，陈沅最后为吴三桂所得。陈沅与吴三桂的感情生活怎样，从当时的情况和后世出土的一些档案资料来看，应该不是很快乐。当然她也曾经有对美好爱情的渴望与期盼。陈沅的《舞余词》中多有记载，如其一首《转应曲》：

堤柳，堤柳。不系东行马首。空余千缕秋霜，凝泪思君断肠。肠断，肠断，又听催归声唤。

古人有折柳送别的习惯，柳的谐音是"留"，但是她陈沅心中的情郎却还是没有留下来，"不系东行马首"，骏马最终还是带着她的心上人一起远走，留下的只是千缕秋霜，徒增痛苦的思念之情罢了。女词人终日思量，肝肠寸断，她是多么希望远行人回到自己的身边呀。

然而不管陈沅思念的人是不是吴三桂，至少吴三桂对她是一见倾心的，这在上述的材料中已有说明。陈沅本来出身低贱，又生活在一个男尊女卑的世界中，她根本无力反抗这个强大的男权世界。特别是李自成的农民军攻占北京之后，将帅们的腐化堕落的思想不断萌生，陈沅为李自成的大将刘宗敏所夺取，这个在《清史稿》中也有记载："初，三桂奉诏入援，至山海关，京师陷，犹豫不进。自成劫其父襄，作书招之，三桂欲降。至滦州，闻爱姬陈沅被刘宗敏掠去，愤甚，疾归山海，袭破贼将。"李自成的农民军被暂时的胜利冲昏了头脑，进军北京之后，很多人便以为天下大权在握，特别是领导阶层，享乐思想滋生，甚至沦为新的无耻残暴的统治者，就像刘宗敏这样的人，开始大肆抢掠，陈沅被刘宗敏抢走，这无疑是一个导火索，直接促使吴三桂反目投清，引兵入关。很多人认为他是引清军入关的大汉奸，其实不然，诚如严迪昌在《清诗史》中间分析的，这是当时的历史大势所趋，即使吴三桂不引兵入关，八旗铁骑迟早也还是要入关的。当然这个吴三桂在国家安危、民族大义面前，首先考虑的是自己的私人恩怨，事情的轻重大小没有掂量清楚，所以连吴梅村也在《圆圆曲》中批评了他："妻子岂应关大计？英雄无奈是多情"，说到底还是"白皙通侯"少年意气，英雄多情，不爱江山爱美人，冲冠一怒，于是加快了历史车轮转动的速度。当然或许有更多的人认为是吴三桂的"冲冠一怒"改变历史车轮前进的方向，如清人雷瑨、雷瑊所著的《闺秀词话》所言："吴三桂引清兵入关除李闯，说者谓三桂以闯据其爱姬陈圆圆，愤而出此，故吴梅村祭酒《圆圆曲》有'冲冠一怒为红颜'句。满清主中夏几三百年，其发端始于一圆圆，然则圆圆亦历史上可纪之人物矣。"则认为是陈圆圆这样一个女人改变了中国历史的发展，当然从历史唯物主义的角度来看，这个观点是欠商榷的。

由此我们想起了西方历史上著名的特洛亚战争，究其原因也是为了一个女人。特洛亚俊美的王子帕里斯，少不更事，看到美丽的斯巴达王后海伦，便不能自拔。海伦也从未见过如此朝气蓬勃且对自己一往情深的男子，于是两人一拍即合，干脆私奔到了特洛亚。于是，希腊的大美女海伦就被拐到了古时称作特洛亚现被叫作土耳其的东方。一个东方男子抢了西方的大美女，西方人大为恼怒，于是组成联军，浩浩荡荡奔赴东方，打了十年的战争。据说西方的长老们曾经在讨论为一个女人打仗十年是否值得，而当他们见到美丽的海伦时，不约而同地认为为了这样的美女再打十年也值得。

海伦毕竟比陈圆圆幸福多了，西方没有红颜祸水的谬论。相反，在遥远的东方古国，红颜祸水的论调持续了千年，夏有妹喜，商有妲己，周有褒姒，吴王夫差有西施，唐有杨贵妃，举不胜举。男性的荒淫误国，最终人们却把矛头指向了身不由己的女性，陈圆圆也是如此，或许她只是想得到一个普通女子应有的爱情和婚姻，她曾经有对美好爱情的无限渴望，"空余千缕秋霜，凝泪思君断肠"，哪里知道自己被卷入了这场王朝易代的浩劫之中，任凭后人去评说，那"肠断，肠断"的余音，诉说着中国女性千年不干的血泪史。

说西江、近事最销魂，啼断竹林猿

——陈维崧的《八声甘州》

唐太宗李世民可谓是一代明君，他的雄才伟略，至今为中华民族所称道。唐太宗尽管从政治的角度出发，看不起搞文学艺术的人，但是自己私下也喜爱诗文，他自己也曾说过“万机之暇，游息艺文”（《帝京篇·序》），而且时不时也弄笔写诗作文。在他的作品中，有一首《赠萧瑀》的诗很有名，诗是这样写的：“疾风知劲草，板荡识诚臣。勇夫安识义，智者必怀仁。”认为在强风面前，才能见识小草坚强的韧性，在动荡不安的时局中，才能看出谁是忠臣、谁是叛徒，勇猛刚烈的人，往往不懂得道义，相反，聪明的智者总是怀有仁爱之心的。这首诗是赠给萧瑀的，这个萧瑀又是何许人也？原来他本是隋朝的官吏，后来投降了李世民，对李世民忠心耿耿，受到了赏识和重用。李世民用“疾风知劲草，板荡识诚臣”来评价萧瑀，可见古代统治者对易代变节的人，也不是非常苛刻的，只要忠于新朝，政治上站队明确，有利于新朝的统治，“变节”的事情是可以既往不咎的。

陈维崧像

然而对那些政治上朝秦暮楚、反复无常的人，结果就不那么美好了。清代的统治者对待政治上反复变节的人，更是恨之入骨。如乾隆皇帝就曾经敕令纂修《贰臣传》，很多为清政权的建立立下汗马功劳的人物，都被纳入“贰臣”之中，这其中自然有乾隆的政治考虑，当然这不是我们这里讨论的话题。不过《贰臣传》中确实有很多政治上反复变节的人，如金声桓就是。据《清史列传》记载，金声桓本是辽东人，起初为明总兵黄龙的裨将，后来与满族军队作战，黄龙战败而死，金声桓逃走，投靠左良玉，在顺治二年（1645）变节投靠清朝，帮忙清军征战江西，屡建战功，授位江西总兵。但是他这个人为人品节立场都不坚定，不久因为军功显著而怨爵位不配，“声桓自以功高未酬封爵，怀叛志。……五年正月，声桓与合谋，纠众据南昌叛”。由金声桓的反清，我们可以看出他这个人并没有什么政治立场，他参军作战，主要的目的在于为自己捞取更大更多的权力和政治资本。而当时又是一个讲气节的时代，金氏反复无常，所以他对自己的名声也有较为清楚的了解，为了争取民心、扩大影响，他诈称明唐王朱聿键未死，打着唐王的旗号招兵买马，并寻找在故明有影响的人物出山帮忙，姜曰广就是这样一个被他利用的故明忠臣。

姜氏为人清廉，刚直不阿，在故明的官方和民间都有很好的声誉，所以请来姜曰广无异于一个很好的广告，据王夫之《永历实录》记载：“已而金声桓、王得仁屯南昌，素知曰广德望，阳招而阴纵之，曰广以是得全，阴结抚、赣义勇，思间道入闽、粤，未及行。俄而声桓反正，不知朝廷所在，无所禀重，乃迎曰广居南昌，镇抚士民。事闻，敕加曰广少师兼太子太师、建极殿大学士，赐尚方剑，便宜行事，督师恢复京、湖、闽、浙。曰广以清望旧为声桓推重，然声桓拥重兵，以反正功自大，爵上公，亦赐便宜，遂专制生杀，不听命于曰广。时抚州王盖八起义，兵满数万。赣州阎、王、宋诸贼归义效命，众亦数万。吉安刘季矿所号召，西连酃、耒、郴、桂，所在响应，咸听命于曰广。曰广欲辑合之为声桓援，声桓不从。佥都御史吴宗周劝声桓尊奖曰广，收士民心。声桓强应之，弗能听也。曰广称疾，不视事。”王夫之亲自参加过南明的抗清事情，对当时的史事了如指掌，他的记载也应该是符合实际情况的。从王夫之的记载我们可以看出，金声桓起兵的目的并不在于恢复故明，他本来就是因为嫌自己官不够大才造反的，而且在军中他是独断专行，生杀予夺都在他一人掌握之中。这样的政权显然是不得人心的，也不能与士气正旺的清军铁骑抗衡，所以很快就被清军攻破了城门，金声桓中箭投水而死，被打捞起来砍碎了尸体。这件事情在当时影响很大，清代大词人陈维崧有一首《八声甘州·客有言西江近事者，感而赋此》，对这个事情就惋惜不止：

> 说西江近事最销魂，啼断竹林猿。叹灌婴城下，章江门外，玉碎珠残。争拥红妆北去，何日遂生还？寂寞词人句，南浦西山。
>
> 谁向长生宫殿，对君王试鼓，别鹄离鸾。怕未终此曲，先已惨天颜。只小姑端然未去，伴彭郎、烟水月明间。终古是，银涛雪浪，雾鬓风鬟。

这首词就是记叙江西反清战争及其遭遇的。在那场战争中，反清义士们“玉碎珠残”，被劫杀屠戮，战争还殃及百姓，许多妇女被抢走，生还无望，南明政权，又遭覆灭，词人对此是一片感伤落寞的情怀。显然陈维崧是站在汉族士子的立场来看待这场战争的，他对金声桓也是抱有同情之心的，如钱仲联《论陈维崧的〈湖海楼词〉》所言：“作者对故国的眷怀心情，主要是通过凭吊的方式来表达的……如《八声甘州·客有言西江近事者，感而赋此》云云。写的是一六四七年（按，此处时间有误，当为顺治六年即1649年）姜曰广、金声桓在南昌抗清失败的悲痛史实。”（《当代学者自选文库：钱仲联卷》）陈维崧的词作在记录清军攻陷江南、揭露清军暴行上是有史料价值的，他对南明的同情哀悼也是可以理解的，但是他没有看到金声桓这个人其实也是一个自私自利的小人，他所做的一切，并不是像陈维崧所期盼的那样恢复故明江山社稷，而是满足他个人的私欲。正是在这样一个利欲熏心的“贰臣”面前，很多人不幸成为他满足自己私欲的炮灰，最可怜的当属姜曰广了，据清人徐鼒《小腆纪传》记载：“永历三年（一六四九）正月戊寅（十九日），城溃；声桓、得仁自杀。曰广作绝命歌六章，投契家池死一家从死三十余人。”姜曰广用的忠臣和气节赢得了个人的尊严和后世的尊重，可惜的是他及其家人，实际上成为金声桓之流捞取个人好处的炮灰，实在可怜可惜！

君恩之故如流水，梨园又选良家子

——严绳孙的《菩萨蛮》

满族贵族挥师入关之后，一度遭到了汉族士子特别是江南士人的激烈抵抗，面对这样的局势，清统治者也绝不手软，历史上著名的“扬州十日”“嘉定三屠”等，都是汉族士人用血泪写成的悲歌。为了打击汉族士人的排清意识，达到钳制思想消除异端的政治目的，清王朝加强了对知识分子意识形态的控制，加大了对汉族士子尤其是江南士子的打击力度，这主要体现在科场案奏销案，以及大量文字狱案件上，诸如明史案、《南山集》案等。

科场案系顺治十四年(1657)清统治者以顺天、江南等地之科举舞弊为借口乘机打压汉族士子的案件，史称“丁酉科场案”。奏销案发生在顺治十八年(1661)，所谓奏销案，即如孟森《奏销案》一文所指出的：“奏销案者，辛丑江南奏销案也。苏松常镇四属官绅士子，革黜至万数千人，并多刑责逮捕之事。”此系清政府对朱明意识较浓厚的江南地区进行借机打击的一次政治事件。清人董含《三岗识略·江南奏销之祸》指出这个案件之后“仕籍、学校为之一空”，凸显了清政府刻意对江南地区士子的打击力度，其主要原因则是他们在政治上没有完全忘怀朱明王朝。于是清政府为了裁抑缙绅特权和打击江南地主，便借口抗粮之罪制造了奏销案。其动机已昭然若揭，恰如孟森所言：“特当时以故明海上之师，积怒于南方人心之未尽帖服，假大狱以示威，又牵连逆案以成狱。”(《心史丛刊》)

当然如果一味只是使用大棒，势必引起更加激烈的反抗与抵制，大棒必须和胡萝卜连用才能收到更好的效果。对于清统治者来说，最好使的胡萝卜莫过于把这些在野的心怀故明的遗老名流纳入他们的统治群体之中，于是就有了康熙十八年(1679)博学鸿词科的召开，据《清史稿》中的记载，我们可以看见己未年博学鸿词科取浙江13人，江苏23人，直隶5人，安徽3人，江西2人，陕西1人，河南1人，山东1人，湖北1人，凡50人。江浙(安徽亦算在内)共取39人，占总人数的4/5，比例之重由此可见。盖一方面，江浙地区乃文化底蕴深厚，学风浓郁，才人辈出；另一方面，清军入关之后，江浙地区士子颇具民族气节，表现出一种与统治者不合作的态度，在反清斗争中表现得尤为激烈。因而在使用大棒示威的同时，不能不用胡萝卜进行引诱，否则，越是打击，汉族士子的反感之情会越发浓厚，这样就不利于清政府的稳定。于是清初的顺治、康熙诸帝，采取了怀柔政策，用功名利禄来收罗江东士子，以俘其心，以安其人，消磨他们潜意识中的华夷之辨和排清情绪，这样就有利于清之政治统治。

然而，并不是每个人都对清统治者抛出的胡萝卜感兴趣，江南名实严绳孙就是其中之一。严绳孙，字荪友，江苏无锡人，是明朝刑部尚书严一鹏的孙子。传说他六岁就能写径尺大字，成年之后，以古诗文词名扬文坛，曾经与朱彝尊、姜宸英被誉为"江南三布衣"，可见文名颇显。康熙十八年，清廷召开博学鸿儒，严绳孙被荐，但是他内心并不愿意接受清朝的拉拢与恩惠，临试的时候，因目疾发作，仅写了一首《省耕诗》就草草退场了。但是我们知道，清廷这次招考的主要目的就是收拾在野诗人的民心，极力拉拢他们政治上投靠清廷。所以，尽管严绳孙中途退场，但是康熙皇帝还是看重他的名声，把他收录进来了，"圣祖素重其名，列二等末，授翰林院检讨，修《明史》，充日讲起居注官"（《清史列传》）。然而严绳孙终究还是不乐意接受清廷的恩惠，没过多少年就告老还乡了。

如今，"被"字很流行，比如被就业、被买房、被自杀等，不胜枚举，我们或许可以套用一下这个被字句，己未博学鸿词科对于严绳孙而言确实是"被推荐"的，他没有像很多人那样削减脑袋往里面钻，他在面试的时候，草草收场的表现，无不是想拒绝这次举荐。但是造化弄人，因为他的名气实在太大，大到康熙帝不愿意轻易放过这个江南布衣名士，所以严绳孙还是被任用了。当然严绳孙对康熙帝玩的这一套把戏也是洞若观火，他有一首词是这样写的：

> 君恩之古如流水，梨园又选良家子。都作六宫愁，传言放杜秋。
> 倾城争一顾，那用论缣素。几个定横陈，丹青不误人?

清代词学家郭则沄在《清词玉屑》中说："荪友与李天生、朱竹垞、潘次耕同时，称四大布衣。己未大科召试，扶病入，只成《省耕》一诗，不得进呈。圣祖久知其名，引唐人祖咏'南山阴岭秀'二十字入选故事，特授检讨，实出殊遇。所作《菩萨蛮》云……秋纨进泪，晓镜担愁，似有所感而发。"（《词话丛编续编》）郭则沄认为这首词是有感而发，确实如此。但是他认为康熙皇帝破格录取严绳孙是“殊遇”，却不怎么符合严氏的实际情况，严氏不愿出仕，前文已经明了，而这首词其实也表达了严氏的这种思想。

词的上片，“君恩之故如流水”，可谓发人深省。俗话说，伴君如伴虎，为什么呢？因为自古帝王的感情都不专一，喜怒哀乐无常，跟着帝王当差，一不小心就可能有杀身之祸，所谓流水，即是皇帝的恩泽像流水一样变动不居，把握不住。第二句，用“梨园”这一典故，所谓的梨园，是唐明皇建立的皇家歌舞机构，是专门从天下选取能够善舞的人来供帝王取乐用的。而良家子一旦入选，则身不由己，人们常说侯门深似海，皇宫比侯门还不知道要深多少倍，可以想象，进入宫门，就有如泥沉大海，哪里有回头的时候。所以作者接着说“都作六宫愁”，清代曹雪芹的《红楼梦》中，贾元春被选入宫，回来探亲时大家都兴高采烈，认为她从此发达了，哪里知道这个贾妃垂着泪珠说那里是个见不得人的去处，道理是一样的。接着作者又用了一个关于杜秋娘的典故，杜秋娘本是节度使李锜的侍妾，李锜谋反被抓，杜秋娘没入宫中，做了宫女，后来一度得到唐宪宗的宠幸。但是到了文宗当政时，杜秋娘因为曾经做过漳王的傅姆而受连累，被放出宫去。此时杜秋娘已经年老色衰，晚年生活贫苦凄凉，唐代大诗人杜牧还因为“感其穷且老，为之赋诗”，这个就是著名的《杜秋娘诗》，其中说道：“王幽茅土削，秋放故乡归。觚棱拂斗极，回首尚迟迟。四朝三十载，似梦复疑非。潼关识旧吏，吏发已如丝。却唤吴江渡，舟人那得知。归来四邻改，茂苑草菲菲。清血洒不尽，仰天知问谁。寒衣一匹素，夜借邻人机。我昨金陵过，闻之为歔欷。自古皆一贯，变化安能推。”放归故土的杜秋娘，对此前的生活恍如一梦中，归来老家，四邻早已换人，自己家的房子年久失修，早已破败不堪，长满了野草。生活也没有着落，衣物都没得用的。所以杜牧说自己听到这个消息之后也是感叹唏嘘，并且发出了变化不可揣测的感叹。这种感叹也正是词人严绳孙所感叹的。

词的下片，写出了宫中嫔妃们内斗的丑恶和黑暗，并用了王昭君的典故。据说汉元帝时，因为后宫佳丽太多，皇帝临幸后宫时，先让画师画出宫女的相貌，供皇帝选择。因此很多宫女为了能够得到皇帝的临幸，不惜花重金收买画师美化自己，然而，王昭君却看不上这一切，她没有贿赂画师，所以画师故意丑化了她，故而王昭君一直没有得到皇帝的垂幸。后来汉朝和匈奴和亲，王昭君被派遣出嫁匈奴，临到别离时，汉元帝才发现王昭君倾城倾国的美貌，但是为时已晚，只能追悔莫及，这就是“丹青误人”一句的意思。而那些得宠的宫女，多是靠“横陈”取得的。所谓横陈，是魏晋南北朝时期艳情诗中的一个常见意象，说穿了就是躺在睡榻上面的裸体美女，词人用横陈一词，是批评了当时很多宫女其实是靠出卖色相来取得君王的宠幸。

我们知道，中国诗歌自屈原开始，就有香草美人自比的传统，所有的大臣在君王这一绝对之“阳”面前都是“阴”，所谓臣妾心态即是如此而来。由此可知，这首词里面说的宫女其实是文人自比，宫女与君王的关系其实就是臣下与君王的关系，这样词的主旨就基本明确了，借用严迪昌先生的点评来说：“‘鸿博’的广征人才是为笼络、消弭汉族文人的异己之心，对东南人士尤多注意，这一点有识之士是看得清楚。固然也有千方百计应征之士，可不少有风骨者拒征，不得已装病的就有好几个。严荪友不完卷退场，本期脱身的，谁知玄烨意在表示爱才，尽收所谓‘江南三大布衣’之属，竟引唐人祖咏‘南山阴岭秀’二十字入选的掌故，破格特取。严荪友却不大领情，此词表现的就是一种被皇权玩弄股掌之上的悲哀。‘倾城’句谓那些倾国倾城的美人争着能得皇帝一顾大有人在；至于被画像进呈的，被选中了你并不是真的宠你，冷置后宫，岂是因为‘丹青误人’，那是别有用心。结句冷峻之甚。”（《金元明清词精选》）直言指出了博学鸿词科的政治用意，以及严绳孙拒绝出仕的心迹和康熙帝着意提拔的用心，严先生可谓深得词心矣！

瑶琴心曲，真情绝唱

不同的文体，在传情达意上各有不同，正像人们常说的，诗言志、词言情、文载道那样，词体文学是一种幽微要眇的心绪文学，适宜于表达人们幽微曲折的感情。确实如此，在表达感情上，词体文学有其独到之处，在长短参差的句式下，词这种文体更适宜传达人们内心隐微的情感。清代词体文学号称复兴，有学者甚至认为是"词的抒情功能的再次得到充分发挥的一次复兴"（严迪昌《清词史》），这的确是精到之见。明代诗人曾不遗余力地寻找"真诗"，但是最终都难出平庸的窠臼，说到底就是在其诗歌中缺乏真情实感。但是这一现状在明清易代之际却得到了改变，不论是易代之际的泣血悲歌，还是易代之后在文字狱高压下的低回哀吟，抑或现实生活中的种种情愫，在清人的词作中都得到了很好的体现，词在清人的笔下，再次成为抒写真情的绝佳载体。

清人词作之中，既有对历史风云际会的真切体会，也有个人命运转变的切身感触，以及夫妻之情、朋友之情，甚至婚外之情，都有发自内心深处的吟唱。如王士禄的《满庭芳》词、孔尚任的《鹧鸪天》、贺双卿的自伤词等，即是对个人命运遭际的真切体味与书写；朱彝尊的《渡江干》、高鹗的爱情词、文廷式的爱情词等，则是自身爱情的真情绝唱；纳兰词则更是真情佳什，"以自然之舌言情"（王国维《人间词话》）即是对其词作真情流露的赞美。可以说，真情是清词得以成功复兴的一大动因。

阊阖门开排彩仗，夹道笙歌鼎沸

——陈维崧的《贺新郎》

从甲申之变至康熙十八年(1679)，满族贵族统治中国已经有三十多年的历史了。在问鼎中原初期，清朝统治者励精图治，恩威并重，不断打压汉族士子心中的反清思想，并用物质利诱和精神奖励的手段不断扭转汉族士子的华夷之辨的传统观念。为了笼络汉族士子，清统治者可谓煞费苦心，四处奖掖人才，赠书题字，颁发荣誉证书，以示恩宠，并且这种做法非常奏效。如康熙帝题"耆年笃学"四字赐给胡渭，当时学者都认为这是胡氏之一大荣耀；赐御书一卷给汪琬，当时文人亦认为这是莫大的殊荣；御书"研经博物"额赐给朱彝尊，朱氏也是感激难忘(参见《清史稿》)，可见这种精神上的奖励是很奏效的。

收买汉族士子的另一重大举措就是开博学鸿儒科。所谓博学鸿儒科又称己未词科，系康熙十八年(1679)清政府召开的一次特殊科考，征招天下名士入京参试，破格录用，消除汉族士子的反抗情绪，达到巩固统治的目的。有关己未博学鸿词科的情况，《清史稿》有详细记述，兹载录如下：

> 康熙十八年，开博学鸿儒科，诏中外诸臣广搜幽隐，备礼敦劝，无论已仕未仕，征诣阙下，月饩太仓米。明年三月朔，召试太和殿。发赋、诗题各一，学士院给官纸，光禄布席，赐宴体仁阁下。于是天子亲擢孙遹一等一名，授编修。自孙遹外……凡五十人，皆以翰林入史馆。其列二等者，亦多知名之士，称极盛焉。

由上可见当时名流士子基本都被囊括其中，诸如陈维崧、毛奇龄、汪琬、朱彝尊等人，皆入科馆。这其中不乏曾经或明或暗地参加过抗清斗争的士人，或者与抗清志士有往来的人，如陈维崧、朱彝尊皆是，康熙帝皆能表面上与其消除恩怨，既往不咎，这些无不让这些汉族士子发自内心地感恩戴德。

而随着时间的推移，故国遗民逐一老去，新一代的士子出生成长在清王朝的统治之下，自然而然地形成了对清王朝统治的认同，而且士子们要寻找出路，也必须与王朝进行合作。就这样经过近半个世纪的努力，清王朝终于得到了汉族士子精神上的“合法性”认同。伴随着对清王朝认同的同时，汉族士子则是对有碍王朝政治统治稳定因素的反对也就愈发显得自觉了。这一转变可以从大词人陈维崧的《贺新郎·岳州大捷》一词中见出端倪：

紫陌春如绮。正巴陵、征南昨夜，捷书飞至。阊阖门开排彩仗，夹道笙歌鼎沸。都不用、鱼龙百戏，顷刻凤楼抛钿屑，算今朝、玉做人间世。洗兵马，丰年瑞。

临轩弥觉天颜喜。喜春城、九衢花满，千官珠缀。更向银刀都里望，小衬粉侯殊丽。想入蔡、军容如是。宴罢不须宣翠烛，水晶毬、万盏天边坠。长似昼，晃归骑。

这首词记述的是吴三桂叛乱被平息的事情，全词充满着一种欢庆喜乐的气氛，“捷书飞至”指的就是岳州大捷的事情。康熙统治初期，南方尚有“三藩”割据数省，这三藩首领就是吴三桂、尚可喜、耿精忠，他们分别割据着云南、广东、福建等南方省份，其中又以吴三桂的势力最为强大。康熙十二年(1673)，尚可喜上疏请求归辽东，由其子继承爵位，康熙帝认准这是撤藩的大好良机，于是同意了尚可喜的请求。然而这却触动了吴三桂和耿精忠的利益，他们趁机试探康熙帝的政治底线，表面请求撤藩，暗地里积极准备谋反。精明的康熙当然早就识破了他们的阴谋，据昭梿的《啸亭杂录》记载，康熙皇帝曾经明确指出：“吴、尚等蓄彼凶谋已久，今若不及早除之，使其养痈成患，何以善后？况其势已成，撤亦反，不撤亦反，不若先发制之可也。”康熙帝的撤藩令下之后，吴三桂果然谋反，他的军队迅速攻占了湖南等地，战争开始之初，对清王朝很不利，但是经过几年的征战，除吴三桂外的其他反叛势力逐一解

迦陵填词图

除，而吴三桂的军队与清军还在岳州一代顽抗。康熙十七年（1678）吴三桂病死，清军趁机发动猛攻，叛军最后坚持不住，逃离岳州，清军取得了岳州大捷，从此一蹶不振。消息传来，朝野欢呼。

前面说过，吴三桂这个人在政治上本来也没有什么坚定的立场，他“冲冠一怒为红颜”，引满族铁骑入关，在当时本就被汉族士子视作卖国贼。而清朝基本统一全国之后，人民也迫切需要过上安稳的生活，不愿意成为吴三桂绑架在战车上的牺牲品，因而吴三桂的反清是不得人心的。此外，经过近半个世纪的沉潜，清王朝的统治也基本上得到了汉族士子的认同，所以我们才会在陈维崧的词作中看到“阊阖门开排彩仗，夹道笙歌鼎沸”这样万人欢庆的场景。

随着三藩叛乱的平定和博学鸿词科的召开，汉族士人在政治上的排清意识逐渐淡漠，转而变成支持新兴的清王朝。此前，怀有华夷之辨的汉族士子曾因为故明的灭亡而泣血悲歌，甚至冒死投身反清复明的斗争之中；然而历史的车轮终究不可逆转，大厦已颓，无力回天，加之清初的几位最高统治者也确实是有为的君主，国家在新朝廷的统治下蒸蒸日上。从大的方面来说，这是历史的进步，因此有人开始默认了历史的现状，如顾炎武等人。特别是随着老一辈遗民的故去，故国心泪也渐渐干了，易代悲歌逐渐换成了歌咏太平盛世。我们或许可以这样说，陈维崧的这首《贺新郎·岳州大捷》正预示着一个强大的充满生命力的新王朝已经迈开了他稳健的步伐，正大步向我们走来。

戏屈指，古来谁似，磨蝎说东坡

——王士禄的《满庭芳》

所谓科举，就是一种考试制度，说通俗点，类似于今天的高考制度。科举考试可以概述为，政府开设一定的考试科目，由士人们自由报考，最后按照考试成绩的高低进行量才录用的一种选拔制度。

但是我们平日提到科举制度，脑海中往往容易浮现出中学课文《范进中举》里的穷秀才范进，中举之后痰迷心窍，喜极而疯，披头散发，满脸污泥，兀自嘟囔"中了！中了！"，一副可怜可笑的形象，好像科举就是一个摧残人性、毒害心灵的坏东西。然而也有西方人认为科举是中国继指南针、火药、造纸术、活字印刷术之后的"第五大发明"。真是褒贬不一。其实科举制度的发明，应该说是具有历史进步意义的，至少它在相当长的一段时间内，为中国古代的寒门子弟在制度上提供了自由晋升的渠道，将多数知识精英纳入管理阶层，参与社会治理，对促进社会稳定和文化发展都是有积极意义的。但是这种制度在明代却被政府和士人搞坏了。明代科举用八股文取士，严重束缚了士人精神的发展。另外，士人内部也不争气，考试作弊成风，行贿受贿，暗箱操作，举不胜举，硬是把一个公正公平的考试制度弄得乌烟瘴气。这股歪风，既败坏了学风，又摧毁了士风，最后的结果是结党营私、党同伐异，明代之灭亡，与士风的堕落是有很大关系的。

降及清代，尽管江山易主，改朝换姓，但是这种歪风邪气还是没有及时刹车，反而有愈演愈烈的趋势。据孟森《心史丛刊·科场案》所言，清代丁酉(1657)科场案，顺天、江南、河南、山东、山西等地都暴露了科场舞弊的黑幕。为了刹住这股颓风，清统治者不惜大打出手，据《研堂见闻杂记》所言："丁酉之役，江南两座主及分房诸公，与逮击举子，既讯鞫后，天子不复严问，以为可因缘幸脱，或长系狱中矣。至岁杪，忽降严纶，两座师骈斩西市，十六分房诸公皆绞死于长安街；举子则各决四十，长流宁古塔，而财产皆入官；诸父兄妻子各随流徙。按宁古塔在辽东极北，去京七八千里。其地重冰积雪，非复世界，中国人亦无至其地者。诸流人虽各拟遣，而说者谓至半道，为虎狼所食，猿狖所攫，或饥人所啖，无得生也。向来流人俱徙尚阳堡，地去京师三千里，犹有屋宇可居，至者尚得活。至此，则望上阳如天上矣。”凡是在科举中犯事的，无论是考官还是考生，一律严惩不贷，或杀或留，毫不手软，这应该是制止明代以来科举舞弊的一剂猛药，有其积极意义。不仅如此，清代还加强了对科考试卷复核的力度，所谓“磨勘”即是。据商衍鎏的《清代科举考试述录及有关著作》所言，考试复核工作其实从唐代就开始了，但是，“清代执行此法更为严厉，凡顺天及各省乡试榜后，顺天提调官、各省监临、提调即将中式举人朱、墨试卷与录科原卷公同在场包裹，每十卷为一封，各用印信，解送礼部。磨勘官均各于揭晓前由礼部请旨派出。……磨勘官均在天安门外朝房，部派司官四人收发试卷，凑派御史满二人汉二人轮班稽查”，可谓严格。如果在磨勘中犯了错误，那必然会受到惩罚，清代大诗人王士禛的哥哥王士禄就在这个方面倒了霉，结果搞得心灰意冷，他有一首词即是在这个事情上的心灵记录：

白月为心，朱绳比质，生平自负峨峨。司空百炼，绕指已无多。到眼浓阴欲满，心忧矣、谣罢还歌。细屈指、古来谁似，磨蝎说东坡。

茫茫无可语，揭来千缕，暗纬愁梭。更溶溶漾漾，难剪如波。可耐春光万里，尚寥落、卧盼庭柯。问何日，盟烟狎水，鸥鹭媚渔蓑。

王士禄，字子底，号西樵山人，山东新城人，顺治九年（1652）进士，康熙二年（1663）以吏部考功员外郎典试河南，“以磨勘呈吏议，逮下狱，久之得雪，免官”（《清史列传》）。他本来想通过主考这一职务来纠正一下科举考试中程文沿袭的陋习，因此在判卷标准的取舍上，他摒弃了那种雷同因袭的文章，按照自己的标准进行了判卷，这从他个人主观愿望上来说是好的，但是八股取士到了明清时代，早已僵化，形成了一整套程式化的套路，容不得创新。而且，还有一点更为重要，就是我们在前文中说的，当时清政府为了改变明代以来形成的科考歪风，正在对科举考试进行“整风运动”，王士禄只能说是时运不济，撞在枪口上了，于是在磨勘审查中下了大牢，经弟弟王士祜想方设法营救才脱离灾难。

这次牢狱之灾对王士禄的精神世界还是产生了不小的影响，这一点词作之中也有透露，作者自信为人坦荡，“白月为心，朱绳比质，生平自负峨峨”，但是命运多舛，作者自比苏轼，“古来谁似，磨蝎说东坡”，苏东坡一生屡遭贬谪，命途跌宕，所以下片说自己愁绪如梭，剪不断理还乱，乃至最后还产生了归隐的思想，“问何日，盟烟狎水，鸥鹭媚渔蓑”。一场突如其来的政治灾难，让词人看破了功名利禄，读来不禁令人唏嘘感叹。

清代词论家李调元在《雨村词话》中曾经对这首词也有过一番点评，其言曰：“西樵王士禄与渔洋齐名，人称二王，有《炊闻卮语》。自序云：‘康熙甲辰三月，余以磨勘之狱，入羁于司勋之署。于时捕檄四出，未即对簿。伏念日月旷邈，不有拈弄，其何以荡涤烦懑，支拒幽忧。……今观《满庭芳》用坡公韵词云……古今才人，沦落不偶，读此可为之一恸。”个体生命在面对强大的政治权力时，立刻显得微弱和渺小，但是再强大的政治权力，也遏制不了诗人们内心颤动的情怀，他们把自己的心曲化作一首首脍炙人口的诗词，供来人体验。大学者王国维在《人间词话》中评论李后主的词时说“词人者，不失其赤子之心者也”，意思是说李煜能把自己的真性情、真感觉写入词中，保留着绝假纯真的童心，故而能使百代之下的人能产生情感上的共鸣，这也许就是文学的魅力所在吧。

碧落黄泉，两处难寻

——朱彝尊的《高阳台》

清代多奇人，吴江叶舒崇就是其中一个。叶舒崇字元礼，号谢斋，别号宗山，江苏吴江人。叶氏风流倜傥，但是命途不济，早年漂泊京洛，曾经与仆人一起在燕市痛饮，并有“青山埋骨黄垆邈，红豆关心绿鬓残”的诗句，活脱脱一副落魄不羁的形象。

相传叶元礼年轻的时候，因为风流潇洒，某日从吴江流虹桥经过时被楼上一小家碧玉看见，一见倾心，后因为思念过重，不幸亡故。这个故事在请代大词人朱彝尊的《高阳台·桥影流虹》的小序中是这样记述的：“吴江叶元礼少日过流虹桥，有女子在楼上见而慕之，竟至病死。气方绝，适元礼复过其门，女之母以女临终之言告叶，叶入哭，女目始瞑。友人为作传，余记以词。”这个旷古奇闻般的故事在当时应该是广为流传的，朱彝尊的词序中就说过，有人为这个事情专门写过传记，他填的《高阳台》词也是一种记叙：

桥影流虹，湖光映雪，翠帘不卷春深。一寸横波，断肠人在楼阴。游丝不系羊车住，倩何人、传语青禽。最难禁，倚遍雕阑，梦遍罗衾。

重来已是朝云散，怅明珠佩冷，紫玉烟沉。前度桃花，依然开满江浔。钟情怕到相思路，盼长堤、草尽红心。动愁吟、碧落黄泉，两处难寻。

这首词写得哀婉沉痛，情真意切，一点也不浮艳。词的上片，“桥影流虹，湖光映雪”，是一片美好的春景，流虹桥附近的绣楼上，闺中的少女没有卷帘，她也在欣赏这美丽的春光，也许同时在感慨“流光容易把人抛”吧。春色已深，但是自己的终身大事还没有着落，所以接下来说“断肠人在楼阴”。古人云，士有悲秋，女有伤春。对于女孩子来说，青春年华的流逝当然是一件非常令人痛惜的事情。然而就在这时，风度翩翩的叶元礼出现了，他一下子落入闺中少女的眼帘之中，他的风姿神采，一下子让闺中的少女折服。接下来就是闺中少女对他的思念，词人用了一个“羊车”的典故，《晋书·卫玠传》记载，卫玠是当时的美男子，他总是坐着羊车出游，看到他的人认为这是玉人。所以羊车成为后代美男子的一个代称。闺中少女痛惜自己的一片单相思之情，不能留住这位美少年，她的一片痴情，也没有青鸟来帮忙传信。上片结拍“倚遍雕阑，梦遍罗衾”，极写叶元礼走后，少女倚楼远眺，久久不歇的情状。读到这里，我们不仅想起了唐代诗人温庭筠的词作《梦江南》：“梳洗罢，独倚望江楼。过尽千帆皆不是，斜晖脉脉水悠悠，肠断白蘋洲。”思妇早起梳妆后，登江边小楼望远以待爱人远行归来，一个“独”字把思妇的那种孤寂落寞之情点化得入木三分。可是，船儿一只只开过了，看过了千万船只，却没有一只是所爱之人乘坐的，这样一直坐到黄昏，仍只有悠悠的江水流过，思妇一次次的希望，一次次的失望，痛切之情，可想而知。最后一只帆船划过，期待一整天的希望彻底破灭，望着长满白蘋的江洲，不禁寸断肝肠，伤痛欲绝。朱彝尊笔下的闺中少女何尝不是如此？她倚遍栏杆，但是盼不到思念的人回头，梦遍罗衾，醒来总是悲伤失落。正是因为思念过重，才有下面的因情伤身的结果。

朱彝尊像

词的下片从叶元礼的角度来记叙。当叶元礼第二次经过少女家门口的时候，少女的母亲告诉了叶氏这里所发生的一切，叶氏也是悲痛欲绝。下片起句连用三个典故，朝云散去，喻指少女因情而逝；“明珠佩冷”，少女死后，给人留下了无尽的遗憾；“紫玉烟沉”，喻指少女如同一缕轻烟消逝而去。这三个典故极写少女之死给人留下的遗恨和痛苦。接着写叶元礼追忆往事，化用了唐人崔护《题都城南庄》“人面不知何处去，桃花依旧笑春风”，这个典故，崔护曾经游南庄遇一美女，对其念念不忘，次年重游故地，然而玉人早已委身他人，徒自令人伤感。最后，“碧落黄泉，两处难寻”又化用了唐人白居易《长恨歌》“上穷碧落下黄泉，两处茫茫皆不见”，叶元礼也是善良痴情的男儿，他为这桩情事也是倍感痛苦失落，上下追寻，但是最终的结果如唐玄宗一样，伤神失落。

这是一个令人失落神伤的爱情悲剧，悲剧的发生与当时的封建礼教不无关系。但是因为一见倾心，思慕而亡，却也真是旷古奇闻，难怪词人要用词笔将其记载下来。朱彝尊是清代填写艳词的高手，但是这首艳情词却写得一点都不浮艳，正如清代词学评论家陈廷焯在《闲情集》中所说的：“艳词至竹垞，扫尽绮罗香泽之态，纯以真气盘旋，情至者文亦至，前无古人，后无来者。”用陈氏的这句评语来评朱彝尊的这首词，允称精当。

共眠一舸听秋雨，小簟轻衾各自寒

——朱彝尊的《渡江干》

朱彝尊是清代的诗词大家，诗歌与王士禛合称“南朱北王”，词学成就也独树一帜，为浙西词派的领袖人物。不仅如此，他还博学多闻，在经史之学上也颇有造诣。康熙皇帝巡游江南时，退休在家的朱彝尊还进献了自己的学术著作《经义考》给康熙皇帝，受到玄烨的表扬，并且御笔亲书“研经博物”匾额送给朱彝尊（《清史列传》），所以《清史稿》本传说当时“王士禛工诗，汪琬工文，毛奇龄工考据，独彝尊兼有众长”，看来他确实是一个通才型的人物。

朱彝尊生长在一个家道中落但是人文极盛的文化家族，他本是明朝武英殿大学士朱国祚的曾孙，祖辈、父辈都是江南一带的文化名人，朱彝尊在这样的文化环境下，自然受到了良好的教育与熏陶。然而好景不长，甲申之变打破了他们宁静的生活，朱彝尊先是参加了抗清的斗争，斗争失败之后，他避难归安县学教谕冯镇鼎家中，并入赘冯家，成为冯镇鼎的女婿。

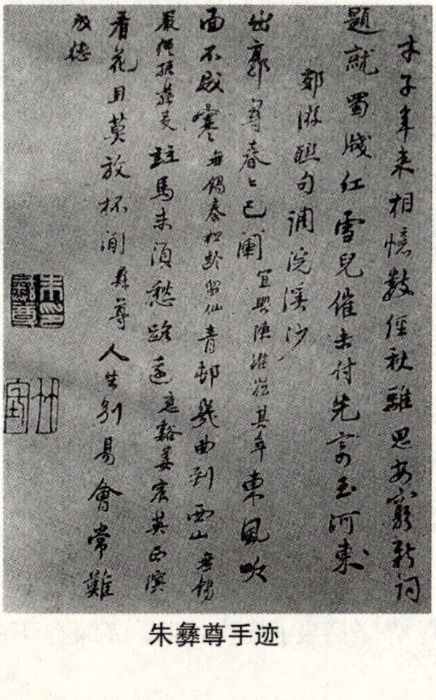

朱彝尊手迹

据朱彝尊自己给亡妻撰写的《亡妻冯孺人行述》一文记述，他的妻子冯孺人名叫福贞，是冯镇鼎的女儿。冯家与朱家关系甚好，两家的老人撮合了他们的婚事，当时朱彝尊家很穷，于是朱氏入赘到冯家，因为两家关系密切，所以形同一家。这个则为朱彝尊结识妻妹创造了条件，他的长诗《风怀》据说就是写给自己的小姨子的。据清末冒广生《小三吾亭词话》卷三所言，朱彝尊流传于世的《风怀》诗二百韵，其实是给他的小姨子作的。在冒广生看来，《静志居琴趣》都是《风怀》诗的注脚。朱彝尊十七的时候，娶妻冯氏，冯孺人名福贞，字海媛，比朱彝尊小两岁。冯夫人的妹妹名叫冯寿常，字静志，朱彝尊《风怀》中“巧笑元名寿，妍娥合号嫦”一句即是藏名于其诗中。冯寿常比朱彝尊小七岁。另外，冒广生还曾经听闻其外祖周季况先生说，十五六年前，曾见太仓某家藏一簪，簪刻“寿常”二字。于是忽然醒悟《洞仙歌》一词中的“金簪二寸短，留结殷勤，铸就偏名有谁认”的真正意思，因此认为这个故事确实是真实的。

冒氏对朱彝尊的这段悲剧恋情颇有研究，还撰写了《风怀诗案》一文专门考证这个故事，据他在这个材料里面所说，朱彝尊的《静志居琴趣》都是他风怀诗的注释而已，因朱彝尊的妻妹字“静志”。又因为这段爱情有违人伦，所以只能压抑在心底，但是诗人还是忍不住用诗词的形式把他们记录了下来。兹节录一段如下：

瘦应怜骨出，嫌勿避形相。楼下兜衾卧，阑边拭泪妆。
便思蛩负蟨，窃拟凤求凰。两美诚难合，单情不可详。
计程衡瘴疠，回首限城隍。红豆凭谁寄？瑶华暗自伤。
家人卜归妹，行子梦高唐。杜宇催归数，刍尼送喜忙。
同移三亩宅，并载五湖航。院落虬檐月，阶流兔杵霜。
池清凋菡萏，垣古缭篔筜。乍执掺掺手，弥回寸寸肠。
背人来冉冉，唤坐走佯佯。啮臂盟言覆，摇情漏刻长。

诗人在诗歌中极写两人爱而不得悲哀与痛苦，“两美诚难合”，是这个爱情悲剧的结点。当然，朱彝尊和妻妹之间的感情“有一段由无到有、由幼而长的发展之过程”（叶嘉莹《清词丛论》）。但是碍于礼教，两人纵然互有情意，终究不能结合，这于是给他们的爱情造成了悲剧性结局。朱彝尊自己在《静志居诗话》中也说：“风怀之作，段柯古《红楼集》，不可得见矣。存者玉溪生最擅场，韩冬郎次之，由其缄情不露，用事艳逸，造语新柔，令读之者唤奈何，所以擅绝也。后之为艳体者，言之惟恐不尽，诗焉得工？故必琴瑟钟鼓之乐少，而寤寐反侧之情多，然后可以追韩轶李。金沙王次回，结撰深得唐人遗意……诵之感心嫮目，回肠荡气。”正是因为这段爱情的不可言说性，所以作者才“缄情不露”，这也给后世读者造成了探求的强烈兴趣。

当然这种恋情是见不得光的，这在讲求封建伦理的时代尤为重要，但是朱彝尊坚持要把这首风怀诗保存下来。据说朱彝尊晚年自编《曝书亭集》时，宁愿百年之后不入文庙也不情愿删除此诗，还说“吾宁不食两庑豚，不删风怀二百韵”，可见他用情之深。关于这种强烈而深沉的恋情，朱彝尊在他的词作中也有反映，最著名的当数那首《桂殿秋》：

思往事，渡江干，青蛾低映越山看。共眠一舸听秋雨，小簟轻衾各自寒。

这首词回忆了他与妻妹在明朝灭亡之初，一起逃难途中互相爱慕而不能结合的情事。全词以追叙的笔法进行的。起句即是叙写当年一起渡江干的情形，“青蛾低映越山看”一句，“青蛾”既是指女子的眉黛又是指青山，所以这个“看”，既是写妻妹在看山，又是写自己在看妻妹，就像卞之琳《断章》中写道的：

你站在桥上看风景
看风景的人在楼上看你
明月装饰了你的窗子
你装饰了别人的梦

这种看与被看写得含蓄朦胧，极富美感。最后两句，尤为动人，“共眠一舸听秋雨，小簟轻衾各自寒”，他们共处一舟，近在咫尺，内心都涌动着无限的爱意，但是又碍于礼教，不能表达出来，内心是火热的，然而现实却是残酷冰冷的，一句“各自寒”最是耐人寻味，既是身体发肤之寒，更是内心因爱而不能造成的凄寒之情吧！所以清代词学家况周颐在阅遍众家词之后，认为这是最好的一首词：“或问国朝词人，当以谁氏为冠？再三审度，举金风亭长对。问佳构奚若？举《捣练子》（《桂殿秋》）云云。”这首词在词学评论家的眼中赢得了清词第一的美誉，大概正是因为它蕴含着的一片欲说还休的深情厚谊吧。

在朱彝尊的词集中，还有诸多词作也大概是写给小姨子冯寿常的，如《金缕曲·记事》《两同心·认丹鞋响》以及《洞仙歌》系列等，如其《洞仙歌》之四：

仲冬二七，算良期须果，若再沉吟甚时可？况熏炉渐冷，窗烛都灰，难道又、各自抱衾闲坐？

银湾桥已就，冉冉行云，明月怀中半宵堕。归去忒忽忽，软语丁宁，第一怕、袜罗尘涴。料消息、青鸾定应知。也莫说今番，不曾真个。

据清人徐珂《清稗类钞·情感类》所言：“竹垞平日尝娇夫人命召其姨，一日相约，俟夫人卧后作深谈。夫人微闻之，即先卧。次晨起，乃命老妪送之归。竹垞有词云……后数年，姨卒因竹垞死。”两个有心人，晚上约会聊天，却不幸被妻子发觉了，估计碍于情面，也不好发作，于是朱彝尊的妻子第二天一大早就把妹妹送走了。清人邹弢《三借庐笔谈》卷八中也谈到这首词和这个事情，说朱彝尊的夫人在送走妹妹后还曾问过朱彝尊这件事，朱竹垞说“无他，但怜才心切，小叙深情耳”，然而夫人终究不相信，所以朱彝尊就填了这首词加以辩白，“也莫说今番，不曾真个”，朱竹垞信誓旦旦说“不曾真个”，但愿他的妻子能够相信吧。

谁怨。谁怨。悔却当初一面

——王晫的《如梦令》

自南北朝时期的刘义庆写了一本《世说新语》之后，历代知识分子对这部书和书中的人物故事追慕不已，续作不断，如唐人王方庆的《续世说新语》，宋人孔平仲的《续世说》，明人李绍文的《明世说新语》，最有意思的当数清初王晫的《今世说》。为什么说王晫的这部“世说”续作有意思呢？因为王晫这个人有意思，他在这部续作里面花了二十多条的篇幅写他自己，而且多是溢美之词，比如他在《今世说·文学》篇里面说自己“博学擅长才藻”，在《今世说·品藻》里面说自己“早年高隐，甚负才望”等，不胜枚举。这样的话要是别人说还可以理解，自己说自己就有点王婆卖瓜的味道了。

王晫的生平资料在《清史列传》里面有较为详细的记载，他初名棐，字丹麓，是浙江仁和人，喜欢看书藏书，家里收藏了上万卷经史子集方面的图书，筑霞举堂藏书其中。不仅如此，王晫还好客，有客人来了，他不惜典衣沽酒，凡是到杭州去的士人，都喜欢去拜访他。王晫在清初是一个比较有名望的人，他平时喜欢读书，也喜欢著书填词，有《峡流词》《墙东草堂词》传世，他的词集里面有一首《如梦令》是这样写的：

记得那时相见。正似芙蓉初艳。生小两情浓，不料红丝错绾。谁怨。谁怨。悔却当初一面。

据清人徐釚《词苑丛谈》卷九所言：“王丹麓少时，中表章进士欲妻以女，王父母以章将赴远任，议遂不谐。后章归籍，丹麓往省，见其女乃殊色也。因赋《如梦令》云云。”根据这个词作“本事”来看，这首词是一个爱而不得的爱情故事。

词的起句，就追忆了当年与所爱之人想见的情景，“正似芙蓉初艳”，极写所爱之人的美貌，词人所爱慕的女子像芙蓉花一样惊艳动人，正是这样一个“芙蓉如面”的美女打动了词人的心灵，让他爱慕不已。根据徐釚所述的本事，词中女子的父亲也是有意将女儿许配给王晫，但是令人遗憾的是，王晫的父母以女孩子的父亲即将到很远的地方去任职为由，拒接了这门亲事。尽管两人都是情意绵绵，互相爱慕，但还是“红丝错绾”，留下了永恒的遗憾。词人不禁发出了造物弄人的哀叹。在“父母之命媒妁之言”的年代，男女婚姻大事并不是自由恋爱、自己做主的，而是由双方的父母授意和媒人的牵线搭桥完成的。“悔却当初一面”，在词人看来，当初的相见相爱，而又爱而不得，是造成现在痛苦的原因所在，所以因爱生悔，而这个“悔”之深，不又正是爱之切吗？宋代文豪司马光也有一首类似的《西江月》词，是这么填的：

宝髻松松挽就，铅华淡淡妆成。青烟翠雾罩轻盈，飞絮游丝无定。
相见争如不见，有情何似无情。笙歌散后酒初醒，深院月斜人静。

司马光所言的“相见争如不见，有情何似无情”这种感情，与王晫此处的“悔却当初一面”确有异曲同工之妙，都短小精练，意味隽永。

不知烟水西村舍，燕子今年宿傍谁

——孔尚任的《鹧鸪天》

美国汉学家孙康宜与宇文所安编著的《剑桥中国文学史》中说孔尚任编著的《桃花扇》是紧扣时代又超越时代的作品，评价可谓高矣。孔尚任，字聘之，号东塘，自称云亭山人，山东曲阜人，是孔子的第六十四代孙。谈到孔尚任，人们自然容易想起他的代表作《桃花扇》。

《桃花扇·传歌》

孔尚任在年轻的时候，就曾经接触到一些明季遗民，了解了很多有关南明王朝的历史和遗事，特别是李香君的轶事。因为李香君是明末秦淮名妓，秦淮八艳之一，曾与复社领袖侯方域有交往，并嫁给侯做妾。李香君是明清易代的见证人之一，所以李的故事经历引起了孔尚任极大的创作兴趣，但是此时机缘还不够，尚未进入具体的创作阶段。康熙二十三年(1684)，玄烨南巡归来，特地去曲阜祭奠孔子，孔尚任以孔子后世为康熙帝讲经，得到皇帝的赏识，破格为国子博士。两年后，孔尚任被派往江南治水，这为孔氏进一步了解江南和南明史事提供了方便之门。孔在南方结识了诸多遗民故老,收集了很多的历史资料,为创作《桃花扇》准备了充足的题材和史料。

康熙三十八年(1699),孔尚任经过多年努力,终于写成了传世巨著《桃花扇》,但是这个作品在给作者带来了巨大声誉的同时,也给作者带来了政治灾难。据《桃花扇本末》记载:"《桃花扇》本成,王公荐绅,莫不借钞,时有纸贵之誉。己卯秋夕,内侍。索《桃花扇》本甚急;予之缮本莫知流传何所,乃于张平州中丞家,觅得一本,午夜进之直邸,遂入内府。"时隔不久,孔尚任就被解职。孔氏在《容美土司田舜年遣使投诗赞予〈桃花扇〉传奇依韵却寄》一诗中这样写道:"命薄忍遭文字憎,缄口金人受诽谤",尽管他在《桃花扇》中极力避免描写清军南下的暴行等史事,可谓三缄其口,以免文字罹祸,但是最后还是因文受憎,因文被谗而被放逐免职,不禁令人叹惋。

然而孔尚任在《桃花扇》中"借离合之情,写兴亡之感",却是事实,作品以李香君和侯方域的爱情为线索,把南明的政治斗争等历史事实融入其中,透露了其对历史的哀悼悲辛,正如其在《桃花扇·孤吟》中所言:"难寻吴宫旧舞茵,问开元遗事,白头人尽。云亭词客,阁笔几度酸辛;声传皓齿曲未终,泪滴红盘蜡已寸。"这里的吴宫旧苑,开元遗事,都是对历史兴亡的凭吊,云亭词客可理解为孔尚任自指,他在创作的时候也是几度搁笔,酸辛难耐。其实孔尚任在《桃花扇》第一出中就有一首《鹧鸪天》,词中也有类似的心灵记录:

院静厨寒睡起迟。秣陵人老看花时。城连晓雨枯陵树,江带春潮坏殿基。
伤往事,写新词,客愁乡梦乱如丝。不知烟水西村舍,燕子今年宿傍谁。

词的上片弥漫着一片凄迷之情。起句即是一片宁静凄寒的意象,秣陵即是南京,在一片凄迷冷漠中,秣陵人睡起看花,一个"老"字,与"花"形成对比,鲜花绽放,而看花人老。接着两句更是凄迷,"城连晓雨枯陵树,江带春潮坏殿基",南京本是明朝旧都,这里有明朝的皇陵和宫殿,但是皇陵中的树却在雨中枯萎了,故明宫殿在春潮中损坏了,都是一片落寞衰亡的景象。这种景象刚好又与前面看花的老人联系在一起,看花之人大概经历了明朝的兴衰,他见证了明朝灭亡的历史,在他的眼中,这些破败的景象更有兴亡之感。

词的下片,紧承上文而来,如今的破败与昔日的繁华进行对比,更能令人唏嘘感叹,所谓"伤往事"即是对过往的凭吊,而"写新词"则是对所伤感之事的承继。客愁乡梦交织，凌乱如丝，然而这里的客愁乡梦恐怕还不能仅仅理解为一般的羁旅之愁，里面恐怕还有更深层的意思，也即是对故国的深深思念之情，当然这些情感在清初文字狱的高压态势之下是不能明言的。结尾两句“不知烟水西村舍，燕子今年宿傍谁”，读来不禁令人想起了唐人刘禹锡《乌衣巷》中的“旧时王谢堂前燕，飞入寻常百姓家”一联，南京的燕子，曾经筑巢于王侯之家，王侯之家早已败落，他们都不知道在哪里筑巢。“宿傍谁”的疑问，正是国破家亡无处归依的写照。全词读来，兴亡之感，跃然纸上。所以清代词学评论家陈廷焯在《白雨斋词话》中这样评到：“孔季重《鹧鸪天》云……胜国之感，情文凄艳。较五代时鹿虔扆《临江仙》一阕所谓‘烟月不知人世改，夜阑还照深宫。藕花相向野塘中。暗伤亡国，清露泣香红’者，可以媲美。”清人谭献《箧中词》也评说此词“哀于麦秀”，皆可谓深得词心。

被酒莫惊春睡重，赌书消得泼茶香

——纳兰性德悼亡词

清代有位少数民族词人，被词学界誉为南唐后主李煜的后身，他的词写得真切自然，备受后世推崇，这个人就是纳兰性德。纳兰性德本名“成德”，后因为避讳改名性德，字容若，号楞伽山人，满族正黄旗人。《清史列传·文苑传》中有他的生平资料，史料中说他年轻时从姜宸英游，喜欢古文辞，康熙十五年（1676）进士，乡试出自徐乾学之门，故以徐氏为师。

纳兰性德是个多情的种子，他在康熙十三年（1674）娶两广总督、兵部尚书、都察院右副都御史卢兴祖之女为妻，夫妻感情和睦，恩爱融洽，可惜好景不长，卢氏女在康熙十六年（1677）产后病亡，给词人造成了极大的伤痛。后来又娶官氏女为继室，夫妻感情也很和睦。此外，他还有一个侍妾颜氏，据张草纫研究，颜氏女可能在康熙十二年（1673）左右被纳兰氏纳为侍妾，因为这年春天纳兰氏因为生病，没能参加殿试，失去了一个极好的升迁机会，比较郁闷，其父母为了给其精神上的慰藉，一时又找不到门当户对的女子为妻，故而给他纳妾，以便照顾纳兰氏的生活。大约在康熙二十三年（1684），经友人顾贞观介绍，纳兰性德还纳江南艺妓沈宛为侍妾，两人在精神上多有沟通契合之处，可惜的是这个女子出身来路不好，两人相处了数月之后，在外界压力下不得不劳燕分飞。另外，据说他还跟自己的表妹有着深厚的感情，可惜表妹入宫，两人相爱而不能聚，也给多情的词人留下了无尽的感伤。总而言之，纳兰性德是多情的，但是命运又是无情的，故而在他的词中多有为爱情叹惋的作品，如以下这首《浣溪沙》词：

谁念西风独自凉，萧萧黄叶闭疏窗，沉思往事立残阳。
被酒莫惊春睡重，赌书消得泼茶香。当时只道是寻常。

是词大抵是怀人之作，写得哀婉深沉而富于哲理。起笔点出大环境，西风堪凉，黄叶漫飞，是一片肃杀落寞的景象，“独自”二字，是说西风，抑或是说孤寂的作者本人，独自凭栏，对着西去的夕阳沉思往事，想的是什么呢？由下文可以看出是怀念与情人抑或发妻的那种平凡而愉快的生活。这里词人用了李清照与赵明诚“赌书泼茶”的典故，据李清照《金石录后序》记载：“每饭罢，坐归来堂。烹茶，指堆积书史，言某事在某书、某卷、第几页、第几行，以中否角胜负，为饮茶先后。中即举杯大笑，至茶倾覆怀中，反不得饮而起，甘心老是乡矣。”著名学者吴世昌《词林新话》中根据词人用这个典故，推论这是一首悼亡妻子的词作，如果属实，那么应该是悼念卢氏的作品。前文我们说过，卢氏因为产后不久就病亡了，因此沉思往事应该是对曾经美好夫妻生活的怀念。那往日的欢颜，一起经历的欢愉，现在思量起来，无不触动词人敏感多情的心绪，可是一切只能在记忆中重温，都是那么美好！然而当时却不知道珍惜，“只道是寻常”点出了词人当下无尽的悔恨失落之情。

纳兰性德像

人大抵都是这样，拥有的时候，常常不知道珍惜，待到失去了才知道追悔莫及。与其在追忆中回味美好，不如当初在平淡中珍惜现实生活。人们说文学的魅力就在于它能够道出人类的普遍情感，让百代而下的人都能够从中体味人生意义，这首词就有这样的魅力。当然，多情的纳兰氏在他的诸多词作中都在对妻子的亡故怀念、感慨不已，又如其《金缕曲·亡妇忌日有感》：

此恨何时已。滴空阶、寒更雨歇，葬花天气。三载悠悠魂梦杳，是梦久应醒矣。料也觉、人间无味。不及夜台尘土隔，冷清清、一片埋愁地。钗钿约，竟抛弃。

重泉若有双鱼寄。好知他、年来苦乐，与谁相倚。我自中宵成转侧，忍听湘弦重理？待结个、他生知己。还怕两人俱薄命，再缘悭、剩月零风里。清泪尽，纸灰起。

这首词的词题直接告知读者是词人写给亡故的妻子的，因此题旨就很清楚了。纳兰性德的妻子卢氏死于康熙十六年（1677）五月三十日，妻子死后，词人一直伤痛不已，根据词中的“三载悠悠魂梦杳”一句可知写这首词的时间离妻子逝世已经达三年之久了，但是词人还是没有从那彻骨的伤痛中解脱出来。词的上片极写对亡妻的深刻怀念之情，妻子逝世三年，如同噩梦一般，但是是梦也总有个醒来的时候呀，可是词人却难以惊醒，宁愿沉浸在对亡妻的思念之中。词的下片继续写对亡妻的怀念和对未来的期盼，因为爱之深、思之切，以至于词人异想天开，希望能够收到来自九泉之下亡妻的书信，来了解她在另外一个世界的酸甜苦乐。当然这封书信是永远也收不到的，于是词人终宵难寐，辗转反侧，难以成眠，希望来世继续做知己。结拍，在一片纷飞的纸灰前，词人清泪早已流干，读来让人感动唏嘘不已。

万帐穹庐人醉。星影摇摇欲坠

——纳兰性德的边塞词

在帝国主义掀起瓜分中国狂潮的时候，有人画了一幅漫画《时局图》来警醒国人，图中熊代表沙皇俄国，犬代表英国，青蛙代表法国，鹰代表美国，太阳代表日本，肠代表德国。图中一只粗笨且横行无忌的黑熊，把它的魔掌踩在了中国东北的大地上，这象征了沙皇俄国对中国东北边疆的蚕食。然而沙皇俄国对中国领土的侵占实际上从明朝就已经开始了，毕竟那只笨重的黑熊，也不是一日养肥的。

俄国本是一个欧洲国家，和中国相隔甚远，并不接壤。然而到了明代中后期，黑熊的魔掌就已经开始接近中国的东北边疆了，并于明崇祯十六年(1643)、清顺治六年(1649)两次派兵入侵我国东北，对我国东北人民犯下了惨绝人寰的滔天罪行。此时的清政府，正忙于对付江南汉人的反抗，还无暇顾及东北边事。康熙十五年(1676)，俄国派使团来访，康熙帝亲自接见两次，并且表达了希望通过和平谈判的方式解决两国的边境问题，然而俄国使者以天朝上国自居，傲慢无礼，并对清政府进行恐吓，这也引起了清朝统治者的警觉。据《清圣祖实录》中记载，康熙皇帝曾说："朕十三岁亲政之后，即留意于此(按，即是指俄国侵占中国东北领土的事情)，细访其土地形胜、道路远近及人物性情。"到康熙二十年(1681)三藩平定之后，巩固东北边防终于提上了议事日程。

兵家说，知己知彼百战百胜。如前引文所述，康熙皇帝在设法对付俄国的时候，也是先派人去侦察地形等军事情况。作为康熙帝的心腹，纳兰性德很自然地参与了这项工作。据韩菼《纳兰君神道碑铭》说："康熙二十一年秋，奉使觇梭龙羌，道险远，君间行疾抵其界，劳苦万状，卒得其要领还报。"实际上在这一年四月，康熙帝亲自来到盛京沈阳拜谒祖陵之后，由抚顺、兴京东行，巡视边防，纳兰性德扈从圣驾，参与其间，后又随副都统郎谈等出塞，远赴梭龙，侦察军情，为后来的雅克萨之战的胜利立下了汗马功劳。在这次东巡途中，纳兰氏写下了不少名篇佳作，其中就有著名的《如梦令》：

万帐穹庐人醉。星影摇摇欲坠。归梦隔狼河，又被河声搅碎。还睡，还睡。解道醒来无味。

据张草纫的《纳兰词笺注》考证，这首词大约写于康熙二十一年（1682）三月至四月，当是纳兰氏扈驾东出山海关祭祀长白山，这首词就是在这个时候创作的。词的起句“万帐穹庐人醉”，交代了所写的乃是塞外风光，“穹庐”就是毡帐，游牧民族居住的房子，“万帐”极言毡帐之多，空间之广阔。在这广阔的原野上，天上无数繁星闪耀，此情此景，优美动人，令词人沉醉其中。词人在沉醉之中渐渐睡去，思乡怀人的梦不期而至，可是这场好梦却被狼河阻隔搅和，那滚滚的河水声搅乱了作者的思乡美梦，再想继续睡觉重温美梦，已经不可能了，“还睡，还睡。解道醒来无味”，醒来身在塞外，离家甚远，还不如在思乡的梦中有味。整首词其实紧扣一个“归”字，极写作者的思乡之情，词作哀婉缠绵，格高韵远。词人在另一首《长相思》中也表达了思乡怀人的情感：

山一程，水一程，身向榆关那畔行，夜深千帐灯。
风一更，雪一更，聒碎乡心梦不成，故园无此声。

根据张草纫的《纳兰词笺注》考证，这首词当是1682年三月份扈从康熙圣驾时所作。词的上片，写跋山涉水，出山海关，继续东行，“千帐灯”不仅交代了露营的情况，还进一步说明了当时康熙皇帝出巡的壮观景象。词的下片主要抒发思乡情怀。塞外奇寒，晚上风雪不断，那呼啸的狂风和簌簌的落雪，“聒碎”了词人思乡的美梦。总的来说，词的上片写“身”，下片写“心”，身虽随圣驾东巡，心却留了故园。此外，这首词写塞外景象也非常优美，如王国维《人间词话》所言：“‘明月照积雪’、‘大江流日夜’、‘中天悬明月’、‘黄河落日圆’，此种境界，可谓千古壮观。求之于词，唯纳兰容若塞上之作，如《长相思》之‘夜深千帐灯’、《如梦令》之‘万帐穹庐人醉，星影摇摇欲坠’差近之。”然而纳兰氏的塞外词作远不止以上所举，他的出塞和怀乡的词作还有很多，如《蝶恋花·出塞》：

今古河山无定数。画角声中，牧马频来去。满目荒凉谁可语？西风吹老丹枫树。

幽怨从前何处诉。铁马金戈，青冢黄昏路。一往情深深几许？深山夕照深秋雨。

张草纫的笺注认为这首词可能作于康熙二十二年(1683)九月纳兰氏扈从圣驾至五台山、龙泉关时，而赵秀亭、冯统一的《饮水词笺校》考订指出，纳兰性德一生没有到过青冢，康熙帝去五台山取道完县、阜平，原未出塞，所以认为这首词是随扈五台山之作也不确切。这首词题目为“出塞”，考察纳兰性德的生平经历，到达塞外只有两次，也即是康熙十七年(1678)和康熙二十一年(1682)，根据这首词中的“西风吹老丹枫树”“深山夕照深秋雨”等句子可知词作写于深秋，根据前文所引韩菼《纳兰君神道碑铭》一文来看，这首词大概写于随郎谈等人出塞赴梭龙侦察敌情之时。词的上片起句“今古河山无定数”，可谓一语道破历史规律，自远古以来，山河异姓，不知道发生了多少次，号称始皇帝的嬴政，不是也想让他们家的帝位传至千秋万代么，可是一个“瓮牖绳枢之子，氓隶之人，而迁徙之徒也，才能不及中人”(贾谊《过秦论》)的陈胜振臂一呼，秦王朝不也如摧古拉朽，很快败亡了么！此外，塞上也自古是汉民族与北方游牧民族的征战之地，所以接下来词人写到“画角声中，牧马频来去”，画角即是古代的军乐器，这里用来指战争，牧马指代游牧民族。贾谊《过秦论》写秦王嬴政的武功神威时写到“乃使蒙恬北筑长城而守藩篱，却匈奴七百余里。胡人不敢南下而牧马”，而这里却说牧马来去频频，可见塞上之地一直处在征战得失之间，因此这一句其实是写汉民族与游牧民族之间持续不断的战争。无尽的战争，以及由此带来的巨大灾难，给人们留下了满目的凄凉意象，但是又能找谁去诉说呢？眼前只有一颗古老的枫树在秋风之中摇曳，给人无限的感伤和思索。

词的下片由景入情。古代汉民族与游牧民族征战不断，“铁马金戈”即是指的战争。“青冢”指王昭君出塞和亲之事，昭君出塞，换来了和平与安宁，而历史上像王昭君这样出塞和亲的何止一人？因此有因战争失子丧夫的怨女，有因出塞和亲远离家乡的怨女，她们都是不幸的，但是这些幽怨又何处申诉呢？最后两句“一往情深深几许？深山夕照深秋雨”，总括全词，山河依旧，但是人事全非，深山、夕照、秋雨，给人留下了无尽的感伤与幽怨。梁佩兰《祭纳兰容若文》中说纳兰氏“所为诗词，绪幽以远。落叶哀蝉，动人凄怨”，正可用来形容这首词作。此外，纳兰氏《青玉案·宿乌龙江》也是这样一首幽怨情深的作品：

东风卷地飘榆荚，才过了，连天雪。料得香闺香正彻。那知此夜，乌龙江畔，独对初三月。

多情不是偏多别，别离只为多情设。蝶梦百花花梦蝶。几时相见，西窗翦烛，细把而今说。

这首词也是写于康熙二十一年扈从圣驾出关之后，乌龙江即是今天的黑龙江。词的上片写景，起句告诉读者，漫天飞雪的时节刚刚过去，东风卷地而来，则是春回大地的写照。正是在这样一个料峭春寒的春夜，闺中少妇已经香梦沉沉，而旅行在外的男子，却在乌龙江畔，独自对月，怅然起怀！词的下片化用了宋代词人柳永《雨霖铃》中“多情自古伤离别”一句，别离的痛苦只为多情的人而设，接下来“蝶梦百花花梦蝶”，用蝴蝶和花互相入梦来比喻妻子和丈夫之间的互相思恋之情，当然，闺中妻子的思念是塞外旅人的想象之词，一如杜甫《月夜》诗，“香雾云鬟湿，清辉玉臂寒”，那位在闺中独自看月的妻子，她深深的思念，翘首以盼的等待，这绵长的情思曾打动了无数读者，但这些都是男性作者杜子美想象的情景罢了，这种情况就是钱钟书所说“分身以自省，推己以忖他”（《管锥编》卷一）。男性羁旅在外，饥寒劳苦，家成为他们心中永久停泊的温柔港湾，人在旅途，“载饥载渴”，更容易思念家中的温暖和美好。他们无时不刻在思念着家中的亲人，特别是恩爱缠绵的妻子，想象着妻子也在思念着他们。最后两句，化用了唐代大诗人李商隐的《夜雨寄北》“何当共剪西窗烛，却话巴山夜雨时”一句，前文叙写了对闺中妻子的思念之情，这里接着写词人盼望早日归去，与妻子团聚，到那时两人恩爱缠绵，再来继续追忆而今的思念之情。

总而言之，纳兰性德是一颗多情的种子，他的内心细腻，发而为词，哀婉感艳，动人心魄，即使是他外出塞外，侦察敌情，为国效力，也笔耕不辍，写下了那么多动人的词作，足以流传千古。

多少望陵愁梦，空剩得、分香崔台瓦

——陈维崧的《天香·龙涎香》

公元1276年，蒙古铁骑攻入临安，宋朝实际上宣告灭亡。但是元军的暴行却一如既往地进行。公元1278年，元朝总管江南浮屠的胡僧杨琏真伽，不把时间精力用在念佛超度战争亡灵上，反而一门心思去盗墓发财，做这种丧尽天良的事情。他在宰相桑哥的支持下，曾经挖掘南宋六帝后的陵墓，盗取陪葬的金银珠宝，并且弃尸荒野。元军的这一暴行激起了江南士人的极大愤慨，唐珏、林景熙等人邀请当地少年，收集了诸帝后的遗骸，安葬于其他的地方，并且种植冬青树于坟上作为标志。这件事情在夏承焘先生的《〈乐府补题〉考》一文中有详细的考述，有兴趣的朋友或可参阅。

所谓《乐府补题》，本是一部收录南宋遗民词人词作的作品总集。宋亡之后，王沂孙、周密、王易简、冯应瑞、唐艺孙、吕同老、李彭老、李居仁、陈恕可、唐钰、赵汝钠、张炎、仇远等十四位遗民词人多次结社唱和，分别以《天香》《水龙吟》《齐天乐》《摸鱼儿》《桂枝香》五调，分咏龙涎香、白莲、莼、蝉、蟹五物，共录咏物词37首，用深隐曲折之笔写出其深沉的故国之思、亡国之痛及人生忧患意识，因其咏物之作寄托遥深，曲折隐晦，艺术造诣和思想内容都可谓宋词的殿末之章，将咏物词推向了一个新的高度。然而由于时代和历史原因，这部记录宋季遗民血泪的词集却不幸失传了。一直到明清易代之后，它却又奇迹般地问世了。

据朱彝尊记载："《乐府补题》一卷，常熟吴氏抄白本，休宁汪氏购之常兴藏书家。予爱而亟录之，携至京师。宜兴蒋京少好倚声为长短句，读之赏激不已，遂镂版以传。"（朱彝尊《曝书亭集》卷三十六）这里所言的汪氏即是与朱彝尊一起编纂清代著名词选《词综》的汪森，他本是安徽休宁人，后来才流寓浙西的。汪森家购置到了这部南宋遗民词集，朱彝尊见后非常喜爱，于是抄录了一本，并把这部抄录的遗民词集带到了京城。后来在京城又遇上了蒋景祁，蒋氏也十分喜爱词体文学，读后激赏不已，于是掏钱把这部书刻印了出来。这才使得这部词集得以重现词坛。《乐府补题》的复出在当时是极为轰动的一件事，立即引起了强烈的反响，一时间骚人墨客竞相拟作，掀起一股“后补题”的唱和热。蒋景祁在《刻瑶华集述》中说：“得《乐府补题》而辇下诸公之词体为之一变，继此复拟作‘后补题’，益见洞筋擢髓之力。”足见《乐府补题》重出对当时词坛的影响。康熙十八年(1679)刊刻的《浙西六家词》中，六人（朱彝尊、李良年、李符、沈皞日、沈岸登、龚翔麟）均有和作。今人严迪昌先生亦云：“据我所见，仅康熙二十年至三十年之间，拟《补题》五咏的词家即有近百人之夥。”此皆可见《乐府补题》复现给词坛带来了一股写咏物词的热潮。对《乐府补题》进行追和的词人墨客在当时和后世可谓不可胜数，然而很多词人，特别是浙西词派的词人，往往只是模拟其咏物的笔墨技法，却没有关注这部词集的思想内容和时代意义，当然也有例外的，如浙西词派的创始人之一陈维崧，他的唱和之作就包含着易代之际的故国之思，如其《天香·龙涎香》：

万斛蛟漦，千堆蜃沫，沈沈碧海今夜。湘娥倚殿，贵主还宫，新擣都梁无价。金盆煎处，趁月里、桂华初谢。浓染鲛人茜泪，小衬冯夷冰帕。

天风彩鸾斜跨，杜兰香、水边闲话。几遍龙堂游戏，蓬莱干也。多少望陵愁梦，空剩得分香雀台瓦。散与人间，斗他檀麝。

陈维崧的词作尽管在清代文字狱的高压之下，还是写出了宋季史事，其中也暗喻着宋季帝后皇陵被盗的史事，并且包含着故国之思和亡国之痛，陈维崧对《乐府补题》的看法也与当时的浙西词派不同，其《乐府补题序》一文可以参证：“嗟乎!此皆赵宋遗民作也。粤自云迷五国，桥谶啼鹃；潮歇三江，营荒夹马。寿皇大去，已无南内之笙箫；贾相难归，不见西湖之灯火。三声石鼓，汪水云之关塞含愁；一卷金陀，王昭仪之琵琶写怨；皋亭雨黑，旗摇犀弩之城；葛岭烟青，箭满锦衣之巷。则有临平故老，天水王孙，无聊而别署漫郎，有谓而竟成逋客。飘零孰恤，自放于酒旗歌扇之间；惆怅畴依，相逢于僧寺倡楼之际。盘中烛灺，间有狂言；帐底香焦，时而谰语。援微词而通志，倚小令以成声。此则飞卿丽句，不过开元宫女之闲谈；至于崇祚新编，大都才老梦华之轶事也。乃瓿间覆酱，偶剩残缣；而市上悬金，从无雕本。盖赤文绿字，几经嬴政之灰余；而玉轴牙签，久患江陵之道尽。盈篇亥豕，既粉黦而铅昏；满幅乌焉，亦纸渝而墨敝。韭花已蚀，虿尾长卷，徒存鼎上之一脔，仅现云中之寸爪。”在陈维崧的词序中，作者直言不讳地谈论赵宋遗民，寄托自己的亡国之哀。明清易代，汉族有识之士为了保存文化命脉，词这种向来不为人重视的文体也受到了关注，如陈维崧序文就认为：“援微词而通志，倚小令以成声。此则飞卿丽句，不过开元宫女之闲谈；至于崇祚新编，大都才老梦华之遗事也。”即是说词体文学亦有存史之功能，像赵崇祚之《花间集》与孟元老的《东都梦华录》一样，都是能够补阙存史的。

既然词体文学亦有史料文献意义，那么就需要注意保存；诗人不能用诗表达的情感皆由词而出之，故而词体文学是辞微旨远不可小觑。以词抒情，借以表达兴亡之感、亡国之痛，在顺康之际不胜枚举，如吴伟业的《临江仙·过嘉定感怀侯研德》《满江红·感旧》，万寿祺的《双调望江南》，李雯的《浪淘沙·杨花》，金堡《八声甘州·卧病初起将还丹霞谒别孝山》，龚鼎孳《贺新郎·和曹实庵舍人赠柳叟敬亭》，陈维崧的《满江红·秋日经信陵君祠》《贺新郎·赠苏昆生》，朱彝尊的《迈陂塘·自题词集》等，都是易代之际，通过词体文学来抒写心灵的佳什，达到了以词存史的目的，在词体文学的发展史上留下了浓墨重彩的一笔。

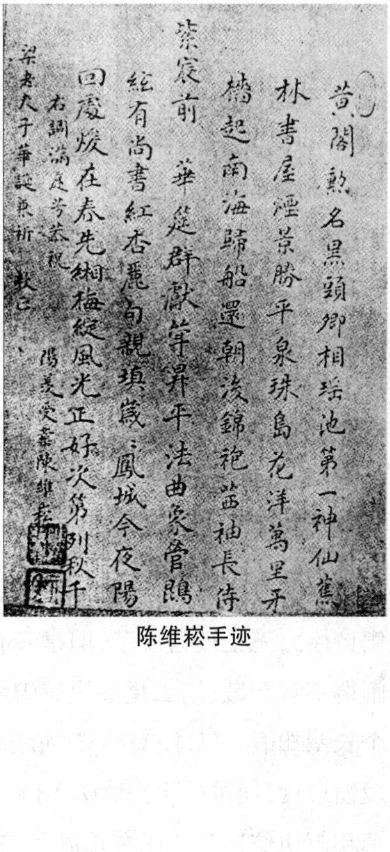

陈维崧手迹

暮雨迷离天外歇，寒花付与纷纷蝶

——赵执信的《蝶恋花》

清代前中期山东文人才士辈出，当时山东诗人赵执信曾经在自己的诗学著作《谈龙录》中这样评说道："本朝诗人，山左为盛。先清止公与莱阳宋观察荔裳（琬）同时，继之者新城王考功西樵（士禄）及其弟司寇，而安丘曹礼部升六（贞吉）、诸城李翰林渔村（澄中）、曲阜颜吏部修来（光敏）、德州谢刑部方山（重辉）、田侍郎、冯舍人后先并起。然各有所就，了无扶同依傍，故诗家以为难。秀水朱翰林竹垞（彝尊），南海陈处士元孝（恭尹），蒲州吴征君天章（雯），及洪昉思，皆云然。"可见清初山东文苑之盛在当时是一个不争的事实。

然而，正在齐鲁大地上诗风彬彬称盛之时，其内部却发生了不和谐的音符，首先拨响这道音符的正是这个赵执信，他反对的这个对象也很有意思，就是大名鼎鼎的王士禛，不仅如此，他们之间还是亲戚关系，从姻亲辈分上讲，赵执信是王士禛的甥婿。赵执信为什么要对他的亲戚兼长辈王士禛进行批驳呢？据《清史列传》所言，主要原因有二。第一是赵执信曾经求王士禛帮忙他写《观海集诗序》，王士禛答应了，但是没有按时完稿，"屡失其期"，因为这个事情，两人闹得不欢而散；第二是赵执信曾经向王士禛请教古诗声调问题，但是王士禛这个长辈却很小气，没有将其中的奥秘告诉这个甥婿，搞得赵执信大为恼火，并且发愤忘食，通过排比钩稽唐人诗作，找到了答案。正是因为这两件事，使得王士禛和赵执信这两位山东籍同乡兼亲戚关系的诗人不和。当然也有不同的意见和看法，如著名学者严迪昌先生在《清诗史》中就认为赵、王不睦的关键因素在于赵执信"人生道路上无可逆转的大厄运激发所致"，那么这个大厄运到底是什么呢？以下慢慢道来。

赵执信是山东省益都（今淄博市博山）人，清代诗人、诗论家、书法家，字伸符，号秋谷，晚号饴山老人、知如老人、无想道人等。赵执信幼承家学，天资聪颖，而且仕途顺利，他在康熙十八年（1679）就考取了进士，那一年他也就十八岁，可谓少年得志。当时正赶上博学鸿词科的考试，很多著名文人墨客都聚集在京城，是一个很好的切磋交流的机会，赵执信凭着自己的才华，与这些进京参加博学鸿词科考试的士人交游酬唱，颇受尊重与礼遇，甚至和著名江南文人朱彝尊、陈维崧、毛奇龄等建立了忘年之交的关系。少年得志，往往容易“裘马轻狂”，所以《清史列传》中说他凭自己的喜好用事，与自己诗学意趣相投者赏之，不合则去之，因此得之“狂名”。然而人生并不是一帆风顺的，打击的痛苦紧随着得意的欢乐不期而至。康熙二十八年(1689)秋，赵执信在国丧期间喝酒看《长生殿》戏曲，结果被人弹劾了，赵执信因大不敬罪被革职，并且永不叙用，这一年，他才二十八岁，正值青春年华，命运对这位年少轻狂的文士来说确实太残酷了。在严迪昌先生看来，正是这个无情的打击，改变了赵执信的人生观和诗学观，赵也变得越发狂放不羁(《清诗史》)，如其《蝶恋花·题画扇留别蕊枝》云：

秋老家山红万叠。何意淹留，断送重阳节。醉里情怀空自结。鸾环低尽湘帘月。

总为相逢教惜别，明月风帆，乱落霜林叶。暮雨迷离天外歇，寒花付与纷纷蝶。

根据赵执信《海鸥小谱》记载，这首词是有本事可考的：“余放斥既久，不自检饬，浪游南北，多预花酒之筵，颇能谐笑，或杂缀诗词，或间为时人传诵，而实无所接遇。知交辈咸以介静之目归之。甲申岁，客津门。自春徂秋，狎游既数，矫激非情，如海客之于鸥鸟，不自觉其相亲近也。长日无事，戏为纪录，以志吾过，且诒好事者。蕊枝者，西郭人也。当戊寅己卯间，名噪甚，寻常不可得一见。余以辛巳之秋，始游于此，友人百计为致之。寒夕浓阴，红灯深屋，翩然而来。明艳夺目，蒲州老友吴天章先生，当代诗人也，方在座。一转眸间，顿失常度。乃相与为诗品题，杂以嘲谑。属和者至成帙。时妓适有所避，于余有知己之感，情殊厚。会余遂东归，颇不能忘。今年再至，则已为有力者所主，不可复见矣。居久之，有为余传言者，乃相期于他所，叙旧伤离，数语而别。犹持余前时所书便面，容色憔悴，非复曩态。先是有问于余者曰：‘蕊姬何如？’余曰：‘新荷出水，飞鸟依人。’闻者莫不惝恍自失。及是余又自失矣，为二绝句示客……附便面留别词《蝶恋花》云云。”

通过词作本事我们可知，赵执信在罢官之后，更加放浪，但是内心痛苦，知己者少，后遇蕊枝，颇能心息沟通。后赵执信东归，待他再度返回时，蕊枝已为他人所据，经过友人的帮助，才能得一见，所以词人填了这首词，以作留别。

我们再来看这首词，词作虽是赠蕊枝，实际上是写自己。在秋意正浓的时节，万山红遍，这却更添一段愁绪，“醉里情怀空自结”，词人借酒买醉，实际上心有所系，一个“空”字，写出了词人无人能理解的痛苦。下片写离别之情，短暂的相逢之后，马上又要分别，“暮雨迷离天外歇，寒花付与纷纷蝶”，在一片暮雨迷离的时节，与难得一遇的知己分别，不知何日再能相逢，此情此景，怎能叫人不伤别。景中情，情中景，浑然一体，词人的伤怀心绪也寓于其中，迷离凄凉。

又照伤心事，彩凤配乌鸦

——史震林的《水调歌头》

常言道，不如意事常八九，没有哪个人的人生是一帆风顺、万事如意的，正是因为人生时常不如意，所以才需要用这些祝福的词语来祈盼。而婚姻的不幸恐怕是诸多不幸中的大不幸了。清代文人史震林的一部《西青散记》中就有诸多此类“不如意”的故事。

史震林，字公度，初号梧冈，后改悟冈，又号瓠冈、匏冈居士等，江苏金坛人。他自幼聪明，勤奋好学，青壮年时期有较长的漫游求学经历，结识了一些同道中人，并且开始创作《西青散记》这部介乎于小说和笔记的作品，在这部书中有很多动人的故事。如其卷一记载：“遇戴臾，宿其家。有女美，新嫁，憎其夫陋，弃之归，涕泣誓为尼，告之曰：‘夫妇，梦也；美陋，幻也。虽有艳姿，不久便为鸡皮鹤发，且亦知轮回果报乎？我今嫌彼，彼复嫌我，以是因缘，辗转相厌，生生世世，常在缠缚。人见欢喜，前世见人欢喜故；见人烦恼，前世见人烦恼故。业花不谢，福果难生。化火坑为阴凉界，只在一忍字耳。’女悦而谢。疏饮芳洁。是夜卧山楼，松月满窗，凭栏久之，为《水调》词云。”史震林曾经借宿戴翁之家，适逢这家办婚事，但是新娘子嫌弃新郎官长相太丑，哭哭闹闹，要出家做尼姑。于是史震林上前劝诫说夫妇如梦，美丑是幻，你纵然有艳丽之资，但是迟早还是会成为一位鹤发鸡皮的老太太，这些都是因缘造就，不必过于伤悼。经过史震林的劝导，新娘子接受了这个貌丑的新郎，但是这天晚上史震林自己却久久难眠，于是填词一首以记之，他的词是这样填的：

楼静无灯夜，霜月一方斜。江南江北庭院，拜处是谁家。飞入洞房如画，只恐萧娘新嫁，不管印窗纱。又照伤心事，彩凤配乌鸦。

人梦里，君海上，我天涯。误偷灵药，素娥应悔那时差。但说归来容易，不信归来迢递，仙泪滴成花。今夕是何夕，未忍算年华。

结合故事和词作来看，在故事中，我们看到作者用佛教因果思想来解释现实人生的际遇，词作中“彩凤配乌鸦”，这样不如意的事情，多是前缘注定，在词人的劝解下，故事中的女子接受了其意见，“女悦而谢”。可是词人自己内心却还是久久不能平息，“是夜卧山楼，松月满窗，凭栏久之”，为什么要久久凭栏？恐怕还是因为这样的恶因缘吧。尽管词人劝服了故事中的女子，但是他似乎并没劝服自己的内心，美女、陋夫这样的爱情毕竟是人生的大不幸，然而这样的不幸何止一个？在史震林的《西青散记》中记载着另外一个更为不幸的故事，那就是女词人贺双卿的悲惨人生。试看下文。

世间难吐只幽情，泪珠掩尽还生

——贺双卿的自伤词

贺双卿是文学史上一个颇有争议的女性作家，她的很多生平事迹还是未解之谜，最早记录贺双卿史事的就是上文提到的史震林的《西青散记》。在这部书的卷二中作者是这样记述贺双卿的："双卿者，绡山女子也。世农家。双卿生有夙慧，闻书声即喜笑。十余岁，习女红，异巧。其舅为塾师，邻其室听之，悉暗记。以女红易诗词诵习之。学小楷，点画端妍，能于一桂叶写《心经》。有邻女嫁书生，笑其生农家，不能识书生面也。雍正十年，双卿年十八，山中人无有知其才者，第啧啧艳其容。以是秋嫁周姓农家子。其姑乳媪也。赁梦觇舍，佃其田。见田主，称官人。其夫长双卿十余岁，看时宪书，强记'月'、'大'、'小'字耳。"由这段介绍材料可知，虽然生于农家，但是自幼聪慧好学，喜欢读书识字，长大后才貌双全。十八岁嫁为金坛周氏为妇，丈夫粗俗鄙陋，只能简单识字，婆婆待她刻薄。双卿虽安守妇道，却始终得不到丈夫和婆婆的体恤，于是将满腹幽怨，寄托于词赋。所作诗词，每以粉笔书于芦苇叶上，意在不留墨迹。所作多抒写凄苦悲切之情，造语不落俗套，抒情细致入微，而毫无造作之迹，与一般闺秀词显著不同。陈廷焯《白雨斋词话》评其词"其旨幽深窈曲，怨而不怒，古今逸品也"。先看其一首《湿罗衣》：

世间难吐只幽情，泪珠咽尽还生。手捻残花，无言倚屏。
镜里相看自惊，瘦亭亭，春容不是，秋容不是，可是双卿。

据《西青散记》记载，贺双卿曾经用玉簪叶粉题《望江南》一首，嘲怀芳子，哪里知道怀芳子生气大怒，双卿听到这个事后叹息说，本来对书生才子充满崇敬之情，"每夜持香线望空稽首，若笼鸟之企翔凤也"，书生的态度让双卿大失所望，并且不愿再"识书生面矣"。因为丈夫拙陋，双卿内心常有所遇非人之感，哪里知道结识的书生也是俗物，初次的文字之交，便搞得不欢而散，这首词正是在这个时候写下的，她郁结隐秘的幽情难以倾吐，伤心落泪，日渐消瘦。双卿在家也得不到丈夫的理解疼爱，因此也时常郁郁寡欢，她的一首《二郎神·菊花》就是写的这种生活：

丝丝脆柳，袅破淡烟依旧。向落日秋山影里，还喜花枝未瘦。苦雨重阳挨过了，亏耐到小春时候。知今夜，醮微霜，蝶去自垂首。

生受，新寒侵骨，病来还又。可是我双卿薄倖，撇你黄昏静后。月冷阑干人不寐，镇几夜未松金扣。枉辜却，开向贫家，愁处欲浇无酒。

《西青散记》中说双卿“性爱菊，植野菊于破盂，春爨皆对之，为菊花词，调寄《二郎神》”，双卿爱菊怜菊之美，但是如此美丽的菊花却开在贫家，无人欣赏，无人爱惜，表面上是写菊花，何尝又不是写自己呢？这其实是将她自己和菊融为一体。陈廷焯《词则·别调集》中评价：“双卿性爱菊，植野菊于破盂，春爨皆对之，为此词，凄凉宛转，可以怨矣。总无一语落恒径，所以为高。低回留恋，我不忍卒读。此词绝厚，根于性情。”可谓中的。然而丈夫不仅不知道疼爱她，反而动辄拳脚相向，据《西青散记》所记，一次双卿给丈夫送饭，因为迟到，丈夫挥锄便打，由此可见其夫确实是个不懂得怜香惜玉的拙夫，这些无不让双卿痛苦不堪，因此创作了一首《孤鸾》：

午寒偏准，早疟意初来，碧衫添衬。宿髻慵梳，乱裹帕罗齐鬓。忙中素裙未浣，褶痕边、断丝双损。玉腕近看如茧，可香腮还嫩。

算一生凄楚也拼忍，便化粉成灰，嫁时先忖。锦思花情，敢被爨烟薰尽！东菑却嫌饷缓，冷潮回、热潮谁问？归去将棉晒取，又晚炊相近。

词的上片极写自己带病劳作的艰辛，下片写对婚姻生活的反思。词人身体被病魔所缠，而且是疟疾，但不仅没有人嘘寒问暖，还要照样承担一切家务活，迟了要挨骂。自怜自悔，美好的情思都被爨烟熏尽。词作中叙述了身世的不幸，所嫁非人的痛苦，以及带病劳动还遭到大骂的酸楚，陈廷焯《词则·别调集》中对这首词也有论述，其言曰：“双卿之夫横戾暴虐，粗丑不堪，双卿无憎意。一日，饷耕迟，夫怒，挥锄拟之，乃为此词。缠绵凄怨，读一生凄楚之语，谁不为之呼天邪！”

双卿在家庭里面找到不温暖，更谈不上精神上的慰藉，在封建礼教时代，与其他男性交往也多有不便，何况双卿的初次文字之交是以失败告终的，这些无不使心灵敏感纤细的女词人倍感孤单与寂寞，她的一首《惜黄花慢·孤雁》正是对这种心境的描写：

碧尽遥天，但暮霞散绮，碎剪红鲜。听时愁近，望时愁远。孤鸿一个，去向谁边？素霜已冷芦花渚，更休倩、鸥鹭相怜，暗自眠。凤凰纵好，宁是姻缘？

凄凉劝你无言，趁一沙半水，且度流年。稻粱初尽，网罗正苦；梦魂易惊，几处寒烟。断肠可似婵娟意，寸心里，多少缠绵！夜未闻，倦飞误宿平田。

据《西青散记》记载，双卿“暮时左携帚，右携畚，自场归，见孤雁哀鸣，投圩中宿焉，乃向西伫立而望，其姑自后叱之，堕畚于地，双卿素胆小，易惊，久疾益虚损，闻暗响即怔忪不宁，姑以此特苦之，乃为孤雁词，调寄《黄花慢》”。由这则本事可知，词作是有感而起，孤雁失群，孤单冷落，正是女词人内心的真实写照，而孤雁“误宿平田”的危险处境，也正是女词人处境堪忧、孤独无伴的现实遭际。咏物抒怀，别有寄托，所以陈廷焯《词则》中评述这首词说“鹃血猿声，令人断肠”，真是深得词心！

珠落掌中偏不取，花看人采方知惜

——袁枚的《满江红》

嘉庆元年(1796)秋，袁枚已经度过了八十一度春秋，这一年他写了一首诗歌，题名《再示儿》：

山上栽花水养鱼，卅年沈约赋郊居。
书经动笔裁提要，诗怕随人拾唾余。
三代文章无考据，一家人事有乘除。
阿通词曲阿迟画，都替而翁补阙如。

在这首诗的附注中，袁枚自注说“余不作词，不能画”，在其诗学名作《随园诗话》中也曾说：“余不耐学词，嫌其必依谱而填故也。然爱人有佳作。”袁枚不爱填词是真，这也许与他的诗学主张不无关系。袁枚主张诗写“性灵”，要吟咏情性。而词体文学则不同，词有定格，字有定数，韵有定声，其烦琐的规则难以把握，相对于格律诗来说，词体文学是一种形式更为考究、限制更为严格的文学样式，如谢元淮《填词浅说》言：“词之为体，上不可入诗，下不可入曲。要于诗与曲之间，自成一境。守定词场疆界，方称本色当行。至其宫调、格律、平仄、阴阳，尤当逐一讲求，以期完美。”其规矩讲究比诗歌和曲子要严格多了，这种格式考究的文体，创作上有诸多限制，很能体现作者的创作水平，以袁枚的学养来说，本不成问题，但是他这个人偏偏不喜欢束缚，因此在清词中兴的时代，他却不怎么去凑这个热闹。当然，不喜欢便不就是完全不填词，在袁枚的《随园诗话》中记载，袁枚曾经填过一首《满江红》。

袁枚的诗话中是这么记载的：“乾隆戊辰，李君宗典，权知甘泉，书来，道：女子王姓者，有事在官，可作小星之赠。予买舟扬州，见此女于观音庵，与阿母同居，年十九，风致嫣然，任予平视，挽衣掠鬓，了无忤意。欲娶之，而以肤色稍次，故中止。及解缆，到苏州，重遣人相访，则已为江东小吏所得。余为作《满江红》一阕云。”乾隆戊辰，即是乾隆十三年(1748)，也就是在这一年，袁枚在南京江宁当县令，此时他已经在南京购置了“随园”，已经有了绝意仕宦的念头。也就在这个时候，他的好朋友李宗典从外地给他写了一封信，说他的官府上有一位姓王的女子，长得不错，如果袁枚喜欢，可以赠给他为妾。袁枚收到信件后，随即雇船到了扬州，在扬州观音庵中，他见到了姓王的母女二人。只见此女子长得风韵标致，面色红中透艳，举止落落大方，任凭袁枚怎么看她，她都毫不害羞。袁枚见过，心中很想娶她，但就有点嫌此女肤色不好，因而当时没下决心，就继续乘船到了苏州。到苏州后，忽然又想通了，最后还是决定去娶她，便派人再回扬州去娶。哪里知道差人回来报告说这位女子已经被江东一个小官吏娶走了。袁枚听后，追悔莫及。于是提笔写了一首《满江红》，表示他的失落之情，词是这样填的：

袁枚画像

我负卿卿，撑船去、晓风残雪。曾记得、庵门初启，婵娟方出。玉手自翻红翠袖，粉香听摸风前颊。问姮娥、何事不娇羞，情难说。

既已别，还相忆。重访旧，杳无迹。说庐江小吏，公然折得。珠落掌中偏不取，花看人采方知惜。笑平生、双眼太孤高，嗟何益！

这首词平铺直叙，艺术手法似无足取，但是却别有一番道理，耐人寻味。词的上片起笔便是“我负卿卿”，也即是我对不住你，为什么起笔就道歉呢？从后面化用柳永的“杨柳岸晓风残月”可知，是分手而去了。正是因为这次草率的分手才导致了后面的爱情悲剧。接下来回忆当初相见的美好情景，当初在观音庵见面时，女孩子落落大方，毫不伪饰，为什么呢？现在回想起来，大概人家对自己也是一片情深而不好言说吧。词的下片继续写分别之后的情形。根据诗话所记本事可知，袁枚当初因为这个女孩子皮肤不合他的心意，故而拒绝了这桩婚事，但是他的内心其实也早已为此女所动，因此人虽然离去了，心里面还是在不停地思索回味，最后决计娶她。哪里知道派去的人，已经找不到她的踪迹了，原来她已经嫁给了一个“庐江小吏”，这个事情让袁枚痛心不已，后悔不迭，于是有了那句经典“珠落掌中偏不取，花看人采方知惜”。

珍珠落入掌中，偏偏不取，好花看到被他人折走，这个时候才知道珍惜。这是个普通平常而又发人深省的道理，人们往往是这样，容易得到的东西，总是不知道珍惜，得不到的东西，往往就以为是好东西，于是拼命追求，这些在古往今来的爱情故事中演绎尤多。因为这个事情，袁枚自怨自艾，后悔自己平生眼界太高，嗟叹无补。

钗头凤折，镜里鸾孤

——高鹗的赠畹君词

在现在通行的《红楼梦》版本上，都题写着曹雪芹、高鹗著。高鹗也因为《红楼梦》而名扬文坛。他字兰墅，别号红楼外史，汉军镶黄旗人。高鹗年轻的时候有一段放荡的经历，也即是与他人遗孀畹君的恋情。尚达翔《高鹗诗词笺注前言》里面对高鹗的这段恋情多有说明，认为高鹗在词中写得最多的，即是与名为畹君的遗孀的偷恋之情。高鹗词作中明写他与畹君偷恋的，有《南乡子》、《唐多令》、《江城子》“秋光新洗玉阑干”、《临江仙》、《金缕曲》和《惜余春慢》等。而且这位畹君也不是普通女子，她聪明多才，应与高鹗多有精神交流。根据《惜余春慢》，可知畹君上有老母、下有幼儿，因遭遇不幸而信佛。在《金缕曲》里，高鹗极力刻绘他与畹君的悱恻哀艳之情，如泣如诉，百转千回，往事历历，含情真挚，很能体现封建士大夫逾闲的一些特点和弱点。由此尚达翔先生甚至认为高鹗与程伟元共同补订《红楼梦》后四十回，也有他过去不正当的情史作为言情的依据。而且由于高鹗中举后所处社会地位的略有提高，他和畹君的偷恋，很可能是一场春梦。

高鹗像

由尚达翔先生的考证解说我们可以知道，高鹗曾经与他人遗孀畹君有一段恋情，但是这不能为封建社会所容，爱情最终是没有结局的一场春梦。先来看其《惜余春慢·畹君话旧，作此咭之》：

春色阑珊，东风漂泊，忍见名花无主？钗头凤折，镜里鸾孤，谁画小奁眉妩。曾说前生后生，梵呗清禅，只侬挥麈。恰盈盈刚有，半窗灯火，照人凄楚。

那便向、粥鼓钟鱼，妙莲台畔，领取蒲团花雨？兰芽忒小，萱草都衰，担尽一身甘苦。漫恨天心不平，从古佳人，总归黄土。更饶伊槌破，虚空也只，问天无语。

词的上片起句“春色阑珊”，便是一片衰微景象，在东风吹拂之下，花谢纷飞，可谓造境凄凉一片。接下来用“钗头凤拆”来喻畹君新寡之事。宋季周密《齐东野语》记载：“陆务观初娶唐氏，闳之女也，于其母夫人为姑侄，伉俪相得，而弗获其姑。既出而未忍绝之，则为别馆，时时往焉。唐后改适同郡宗子士程。尝以春日出游，相遇于禹迹寺南之沈氏园，唐以语赵，遣致酒肴，翁怅然久之，而赋《钗头凤》一词题园壁间。”这首《钗头凤》是这样写的：“红酥手，黄縢酒，满城春色宫墙柳。东风恶，欢情薄。一怀愁绪，几年离索。错，错，错。春如旧，人空瘦，泪痕红浥鲛绡透。桃花落，闲池阁。山盟虽在，锦书难托。莫，莫，莫。”全词一片凄凉悔恨之意，读来令人唏嘘感叹。词人化用这一典故来叙写他与畹君的相爱不能结合的痛苦之情。接下来“镜里鸾孤”化用了范泰《鸾鸟诗序》的典故：“昔罽宾王结罝峻祁之山，获一鸾鸟。王甚爱之，欲其鸣而不能致也。乃饰以金樊，飨以珍羞，对之愈戚，三年不鸣。其夫人曰：‘尝闻鸟见其类而后鸣，何不悬镜以映之。’王从其言。鸾睹形感契，慨然悲鸣，哀响中霄，一奋而绝。嗟乎兹禽，何情之深。”鸾孤亦是隐喻畹君新寡，哀痛不已。后面“梵呗清禅，只侬挥麈。恰盈盈刚有，半窗灯火，照人凄楚”则是极写畹君的凄苦生活与凄凉心境。词的下片叙写畹君的生活情况，她年纪轻轻便青灯伴佛，这让词人大感不平，从而发出了“漫恨天心不平”的呼喊，对畹君的凄凉遭遇报以极大的同情。在词人的另一首《金缕曲》中他在词序中写道：“不见畹君三年矣。戊申秋隽，把晤灯前，浑疑梦幻。归来欲作数语，辄怔忡而止。十月旬日，灯下独酌，忍酸制此，不复计工拙也。”可见两人分别三年之后，再次重逢，倍感惊喜和激动，于是情不能自已，写下了这首词：

春梦年来惯。问卿卿、今宵可是，古人亲见。试剪银灯携素手，细认梅花妆面。料此夕，罗浮非幻。一部相思难说起，尽低鬟，默坐空长叹。追往事、寸肠断。

尊前强自柔情按。道从今，新欢有日，旧盟须践。欲笑欲歌还欲哭，刚喜翻悲又怨。把未死、蚕丝牵恋。那更眼波留得住，一双双，泪滴珍珠串，愁万斛、怎抛判？

别后重逢，如同春梦一般。“试剪银灯携素手，细认梅花妆面”，化用了晏几道的词句“今宵剩把银釭照，犹恐相逢是梦中”，因为害怕相逢是在梦中，故而携手相认，仔细端详，畹君如同往日一般楚楚动人。然而别后的相思之情，岂非三言两语能够说尽的呢。回首过去的遭遇痛苦，对照今日相聚的欣喜，不禁唏嘘长叹。“追往事，寸肠断”，缅怀往事，肝肠寸断，真是令人感伤！

词的下片继续写与畹君相聚的情况。往事早已如烟散去，思量起来，徒增痛苦，“欲笑欲歌还欲哭，刚喜翻悲又怨”，歌哭无端，喜怨相随，知己重逢，不需掩饰，真情直露。接着化用了李商隐“春蚕到死丝方尽”，春蚕未死，浓情未了。但是由于种种原因和阻力，一对相爱的知己却无缘结合，直教人泪如珠滚。结拍“愁万斛”极言愁苦之多之重，但是无法抛却，以此暗喻两人情感终不能抑制淡忘。词中透露出两人的相爱是一种畸恋，得不到社会的认同，各种社会力量的阻碍也是造成这种爱情悲剧的直接原因。在词人的另一首《江城子》中，也写出了他们相爱不能、相思不断的感情：

秋光新洗玉栏干，叶声乾，漏声残，簌簌灯花，也自怯轻寒。却把闲愁都送与，风乍陡，月将阑。

窥窗鱼目枉鳏鳏。睡难安，梦无端。那得魂儿，来续旧时欢。嘱咐明朝双鹊语：便虚喜，莫轻弹。

在一片萧瑟的秋风之中，词人又禁不住开始思念所爱的人，以致久久不成眠，希望能够在梦中相逢，再续旧时欢乐。

总之，通过高鹗的爱情故事来解读其爱情词作，两相发明，深意尤多。传说高鹗续写了《红楼梦》后四十回，这后四十回的情节发展与高鹗的爱情经历可有相符之处，还值得我们继续探讨。

芦帘十载为新妇，草草分离骤

——冯登府夫妻的爱情词

曾经有人说，由于词是一种体格卑下的文学样式，登不了大雅之堂，词中所言之情，往往也是不正当的情感，比如与歌儿舞女之间的私情。甚至有人说，词人们把他火辣辣的爱情注入词中，毫不悭吝地送给了歌妓。诚然，历代词人确实很少把他们对妻子的爱情填入词中，但是很少不是代表没有，苏轼的《江城子·十年生死》、贺铸的《鹧鸪天·重过阊门》等都是送给妻子的千古绝唱。清代的满族大词人纳兰性德的词作中也有不少是写给妻子的，也写得缠绵悱恻。这些都是男性词人送给妻子的词作。但可惜的是，妻子此时多已亡故，不能聆听到他们丈夫的脉脉情语。

清代文化，历数千年之发展，已成造极之势。文化的积累和发展，甚至影响到深闺之中，从前的"女子无才便是德"这样的鬼话已逐渐为闺中才女们所抛弃，清代的闺秀文学的发达，可谓巾帼不让须眉，甚至出现像徐灿、熊琏、吴藻、顾春这样的大词人。此外还有很多中小女词人，她们灿若星辰，给清代的词学星空添上一片别样的亮色，李畹就是这片群星中的一颗比较耀眼的星星。

李畹，字梅卿，浙江嘉兴人，诸生李能容的女儿，后嫁冯登府，著有《随月楼残稿》。而她的丈夫冯登府字云伯，也是浙江嘉兴人，他是嘉庆二十五年(1820)的进士，曾经担任过江西将乐县知县，后因亲病辞官，守丧期满之后，又担任过宁波府教授。《清史列传》上说他勤奋好学，博闻强识，对声音训诂之学尤为精通。冯登府与李畹结婚时，冯家很穷，《清代闺阁诗人征略》中记载说："梅卿夫人，早娴翰墨，倡随静好。冯先生家贫，鬻衣典钗以佐读书，锦瑟华年，惜未及见其登第也。"由此可知李畹是个十分贤惠的妻子，她不仅没有嫌弃冯家贫穷，而且还卖掉自己的衣饰供丈夫读书，夫妻两人感情也极为和美，这不仅体现在感情生活上，更是在精神生活上有共同的语言与交流。李畹是能诗能词的才女，能够与丈夫一起填词酬唱，其有一首《南柯子·寒夜》，即是写他们贫贱夫妻相濡以沫的恩爱情感的词作：

细点瓜畲谱，闲栽萱草花。三年为妇惯贫家。且喜芦帘纸阁、手同叉。
兽火温箫局，蛾灯罢纺车。戏他小女绾双丫。懒放鸳针今夜、较寒些。

清人陆以湉《冷庐杂识》记载："嘉兴冯柳东教授登府之室李梅卿女史畹，早娴翰墨，倡随静好，盛年殂谢，教授深悼之。女史尤工词，自题《倚梅图》，有'雪影压残鸟梦，月痕冷靠花身'之句。其《寒夜·南柯子》云……殁后，教授题《城头月》词于后云云。"冯登府的《城头月》一共填了四阕，其中一首是这样填的：

唐诗一卷曾亲授，红豆双声就。箫局偎寒，纺车絮雨，梦也休回首。
芦帘十载为新妇，草草分离骤。写韵楼空，横琴月冷，总是断肠候。

据谢章铤《赌棋山庄词话》所言："柳东妇梅卿有《随月楼残稿》，亦能词。其《南柯子·寒夜》云云。以产亡。柳东悼亡《城头月》四阕，有云：'鹣鹣比翼原同命。那料鸾离镜。寂寞黔娄，他年谁哭，欲语泪先哽。'又云：'飘零翠鬟春风度。雨近清明苦。几寸香心，无多瘦骨，浅浅埋黄土。'"根据以上的笔记词话资料，我们可以知道冯登府夫妻生活和睦美好，但是天有不测风云，后来李畹因难产而亡，这给冯登府以极大的打击，他写了不少诗词来悼念自己亲爱的妻子，如《城头月》等等。有了这些故事线索，他们夫妻的唱和词就容易理解了。

先来看李畹的词作，词人起笔"细点瓜畲谱，间栽萱草花"，便给读者勾勒出了一幅闲适的生活剪影。接下来，介绍了自己的婚姻情况，结婚之后，并不因为家贫而懊恼，一个"惯"字表明了其安贫乐道的性格特征。词的下片写他们的婚姻家庭生活，"兽火温箫局，蛾灯罢纺车"，即是叙写她做饭纺线一类的生活情境，这些貌似单调的生活并不妨碍女词人快乐的心情，相反，她应该是感到很满足的，因为闲暇时刻还可以跟自己的孩子戏耍，那个绾双丫的女儿一定十分可爱，给爱人极大的安慰和快乐。结拍写自己因为天寒，不想继续做针线活，给人一种余味绵绵的感觉。全词透露出一股平淡而欢快的情绪，这些正是他们夫妻平淡而真实生活的写照。

然而好景不长，老天并没有眷待这对贫贱而恩爱的夫妻，正在冯登府发奋苦读的时候，李畹不幸难产而亡，给词人留下了深深的心灵创伤。他难以忘记发妻的贤淑，妻子死后，总在怀念他们夫妻生活的美好，他的《城头月》即是对妻子深深的悼念。词的起句“唐诗一卷曾亲授，红豆双声就”，便写出了夫妻精神生活的关怀慰藉之情，他们曾经一起读书填词，十分恩爱，“箫局偎寒，纺车絮雨”，则是怀念妻子的勤劳朴实，然而这一切都已成过往，妻子已经长眠地下，留得词人梦中空回首，读来不甚凄凉。接着“芦帘十载为新妇，草草分离骤”，写出了夫妻骤然永别的悲痛，妻子亡故，人去楼空，月冷琴横，无人再来弹奏出那恩爱和谐的生活之曲，死者长已矣，生者断肠相候，凄凉欲绝之句也。

清人蒋敦复《芬陀利室词话》云：“《花墩琴雅》中，有《城头月》一首，题亡妇梅卿《南柯子》词后注云：妇有《随月楼残稿》，其《南柯子·寒夜》云云。灵石内史检此词示余曰：‘君绘《纸阁双声图》，此非为吾两人写照耶？’又曰：‘君往时箴吾，语带凄凉，独不能为此寒乞语。’盖灵石旧有‘芳草碧如此，落花红奈何’句，又有‘红绣相思绿绣愁’七字，余绳之，乃不复作。今憔悴多病，门户辛勤，匆匆更不暇唱渭城矣。梅卿有‘雪影压残鸟梦，月痕冷靠花身’二语，味之亦有鬼气，宜其不永年也。灵石尝自谓语涉幽怨，他日恐累君悼亡。且君以才名盖世，致境遇坎坷，若再擅闺房倡和之乐，不愈为造物所苦耶，乃绝意不作诗词。”对他们夫妻恩爱酬唱的爱情生活多有补充，并且充满同情之心。当然认为李畹的词作过于凄凉，读来有鬼气，以致早亡，这恐怕是后来附会之词，不可信。总而言之，冯登府、李畹曾经是一对恩爱贫贱的夫妻，他们的凄凉爱情绝唱给清代的词学园地种出一朵朵新的奇葩。

戢影蓬庐何所乐？惟有耽书而已

——张穆的《百字令》

科举考试历来被视作是国家铨选人才的重要方式，这种制度也确实为国家延揽了大批人才，特别是出身下层的读书人，他们可以通过勤学苦读，参加考试这一方式进入国家管理阶层，为国家贡献个人的才能，促进社会的发展。但是任何一种制度都不可能是完善的，有关科举考试的利弊，历代不断有人进行剖析，因为立场见解不同，所以结论各异。考上的人，自然赞同这一制度，而屡试不中的人，这内心可能会有诸多不平之处。清代的张穆，曾经就是对科考由爱生恨的一员。

张穆初名瀛暹，字石州，一字诵风，山西平定人，《清史稿》《清史列传》皆有传记可查。他是清代的一位爱国思想家、学者和诗人。他又是一个不幸的人，十一岁丧母，十四岁丧父，由继母抚养成人成才。《清史列传》中有一节关于他参考时的记录："候铨时，以负气忤贵人，罢去。闭门读书，左图右史，日以讨论为事。"这段文字极其简略，经查询参考其他资料，原来是这么一回事。

张穆在参加顺天乡试的时候，带了一壶酒进入考场，要进行身份验证与搜查，监考官见其带着瓶酒，大声呵斥，张穆气愤不过，一饮而尽。这一下子可不得了，直接得罪了监考官，将其押送刑部审查，错过了考试的机会。张穆也气不可耐，干脆回家闭门读书。后来在学术上多有建树，著有《蒙古游牧记》《俄罗斯补辑》《延昌地形志》《顾亭林年谱》《阎百诗年谱》等，在西北史地研究方面建功卓著。然而考试受到的侮辱和伤害的阴影却在他的心中始终挥之不去。对此，他有一首《百字令》可参：

缁尘抖擞，看图中北海，仍然豪士。戢影蓬庐何所乐？惟有耽书而已。四十年头，一椽无庇，沦落谁堪此。虫鱼注遍，任人笑我痴耳。

回首落帽并门，征裘京国，更横帆江水。一第艰难头早白，绝倒绣文倚市。晏相盈书，衮师灯火，自有无穷事。千秋盛业，及时努力才是。

词作的前门还有一句题序“追题四十一岁小照，仍用前韵”，可知这是词人自题画像的作品。上片起句“缁尘抖擞，看图中北海，仍然豪士”，是自己风神的写照。尽管奔走劳累，衣服上沾满黑色的灰尘，但是精神依然饱满。所谓北海本是指唐人李邕，他曾经做过北海太守，人称李北海。李邕善书，才华出众，为人刚烈，这与张穆自己颇多相似之处，所以词人在此以李北海自比。接下来词人叙写自己的情趣爱好，隐居草庐，喜好读书。年过四十，却依然连间像样的房子都没有，对此，词人内心也多少有些凄惶，“沦落谁堪此”，既是自伤，又是自勉。词人年轻时苦读诗书，期望在科场上一举成名，做一名有益于国家社稷的人，但是时运不好，得罪了监考官，错失良机，多少是个遗憾。随后，笔锋一转，词人又从中超脱出来，“虫鱼注遍，任人笑我痴耳”，词人隐居之后，潜心学术，悉心考据，不再以科考为主要人生追求，一个“任”字，表现了词人的旷达情怀，超脱了世俗眼光的束缚。

词的下片，起笔“回首落冒并门，征裘京华，更横帆江水”，回忆青年时期的读书游学生活，“一第艰难头早白，绝倒绣文倚市”，科考不易，但是词人已经不以此为目的，对那些贪求科举富贵的人进行了嘲笑。他自己在隐居生活中，钻研学术，搜集图书，灯下苦研，希望能够通过学术来经世致用，实现自己的人生价值，但这些都是那些世俗的腐儒们所不屑的，然而词人乐此不疲，废寝忘食。最后词人再次表明自己的志趣“千秋盛业，及时努力才是”，认为钻研这些经世之学，才是真正的千秋伟业，应当及时努力，做出更大的贡献。

总之，词人在科举途中失意之后，潜心学术，期望通过学术来挽救颓亡，在他的身上以及词作之中，我们看到了晚清以降，儒家经世致用之学复燃的发展趋势。

弹指十年幽恨，损萧娘眉萼

——蒋春霖的《琵琶仙》

南宋大词人姜夔历来被视作文人清客的代表，他游走于权贵之门，却能够保持自己的尊严，绝不奴颜婢膝，因此一直受到后世文人墨客的推崇。相传姜夔一次去范成大家做客，作《暗香》《疏影》二词，音节清婉，被时人张炎誉为“前无古人，后无来者，自立新意，真成绝唱”（《词源》）的绝作，范成大见了很是高兴，令歌妓排练演唱，宾主其乐融融。后来姜夔返回吴兴，范成大把歌妓小红慷慨赠送给姜夔，姜夔带着小红在大雪中过垂虹桥（在今江苏吴县东吴淞江上），一时诗意大发，还作了一首著名的《过垂虹》：

自作新词韵最娇，小红低唱我吹箫。
曲终过尽松陵路，回首烟波十四桥。

据陆友仁的《研北杂志》所记，姜夔喜欢自度曲，吹洞箫，而小红则每每倚声和之，正如诗句中所说的“小红低唱我吹箫”，琴瑟相合，传为文坛美谈，也引起了后世文人的艳羡之情。清代的大词人朱彝尊、厉鹗都十分推崇姜夔，朱彝尊甚至认为：“世人言词，必称北宋，然词至南宋始极其工，至宋季而始极其变。姜尧章氏最为杰出。”（《词综·发凡》）在朱彝尊的推尊下，浙西词家无不步武姜、张，出现了“数十年来，浙西填词者，家白石而户玉田”（《静惕堂词序》）的词坛景观。清代中后期的蒋春霖也是姜夔的粉丝，其生平经历也颇与姜夔近似，但是他的运气似乎没有姜夔那么好。

蒋春霖，字鹿潭，江苏江阴人，生于嘉庆二十三年（1818），年轻时便因诗词才气崭露头角，曾因赋诗获得“乳虎”的美誉。但是家道中落，科场又频频失利，为谋生糊口做过两淮盐官，后罢官，避地东台。晚年邂逅歌女黄婉君，结下不解之缘，但是他一直不善于养家置产，加之喜欢流连歌楼酒馆，所获之资，总是随手散尽。因为蒋春霖与当时地方大员杜文澜交好,所以杜文澜撮合了他们之间的亲事。他们过了一段恩爱快意的生活,但是蒋春霖终因过贫,歌妓出身的黄婉君逐渐不满于这种漂泊凄苦的生活,产生了异心,甚至传说她还有出轨的行为,这让词人蒋春霖大为恼火,于是带着黄婉君去投奔杜文澜,指望得到点资助,挽救这场飘摇不定的婚姻。可是杜文澜因为地位提升,没有接见这位落魄的文坛故友,悲愤之下,蒋春霖于同治七年(1868)在垂虹桥喝药自杀,时年五十一岁。蒋春霖用死亡的方式来祭奠了他仰慕的前代词人姜夔,结束了他的人生悲剧。黄婉君亦随之自杀殉葬。

蒋春霖像

然而事情并没有因为蒋春霖的死而结束。杜文澜在蒋春霖的死上应该负有一定的责任,如眉孙《与龙榆生言蒋鹿潭遗事》中所言:“鹿潭之死,半为婉君因贫而不安室处,半为杜筱舫因贵而落寞故人。”(按杜文澜,字筱舫)为了掩盖自己的罪过,杜文澜与陈百生令黄婉君自杀殉情,此事张尔田《与龙榆生书》中有考辨:“鹿潭临死时,所书冤词中,实疑婉君不贞事。杜筱舫得之,大怒,主严办。百生辈遂据以恫吓曰:‘若不死,且讼之官。’婉君畏罪,乃殉焉。”据说黄婉君在自杀殉葬之时,还曾请求陈百生上书旌表,陈百生答应了这一请求,但是事情没有办成。后来陈百生离开京城的时候,忽然前面飞沙走石,他仿佛看见黄婉君的冤魂在向他索命,于是吓得仓皇逃跑,回家之后,弃官不再入都,大概是因为负疚于黄婉君吧。

在蒋春霖的词作中,有一首《琵琶仙》,即是记述他与黄婉君泛舟黄桥填词倚声、互相唱和的经历,词是这样填的:

天际归舟,悔轻与、故国梅花为约。归雁啼入筌篌,沙洲共飘泊。寒未减、东风又急,问谁管、沈腰愁削。一舸青琴,乘涛载雪,聊共斟酌。

更休怨、伤别伤春,怕垂老心情渐非昨。弹指十年幽恨,损萧娘眉萼。今夜冷,篷窗倦倚,为月明、强起梳掠。怎奈银甲秋声,暗回清角。

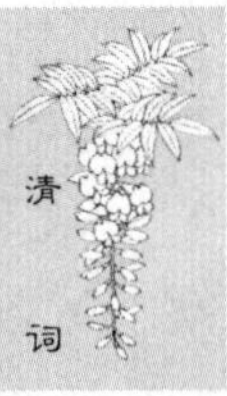

词中还有作者的一段自序:“五湖之志久矣,羁累江北,苦不得去。岁乙丑,偕婉君泛舟黄桥,望见烟水,益念乡土,谱白石自度曲一章,以箜篌按之。婉君曾经丧乱,歌声甚哀。”从序中的“岁乙丑”可知词事当发生在同治四年乙丑(1865),当时蒋鹿潭已经四十八岁了。序中所言“五湖之志”即是归乡之情,蒋春霖本是江阴人,江阴属于太湖流域,太湖亦称五湖。当时蒋春霖携家室旅居江北东台,曾经泛舟黄桥,黄桥是一镇名,在江北泰兴县东北,与江阴一江之隔。此情此景,可能令词人想起了前代词人姜夔及其风流余韵,于是追慕之,谱了白石自度曲一章,令婉君倚声和之,因为婉君曾经遭受了太平军的战乱,心有余悸,所以歌声哀婉。

再来看这首词,词中词人的故土之思,身世之感,垂老之悲,一发无余。上片起句“天际归舟,悔轻与、故国梅花为约”,其时词人离故乡只有一江之隔,但是有家难归,故而接着是一“悔”字,表达了词人的悔恨失落之意,旧约犹在,而身处他乡,不能践约,空令故乡的梅花苦苦相待,花亦有情,人何能堪!接下来两句“归雁啼入箜篌,沙洲共飘泊”,写词人眼前所见,归雁哀啼,声音凄婉,同病相怜,引起词人的感伤,漂泊与共。“寒未减、东风又急,问谁管、沈腰愁削。”既是写景,亦是自伤身世,春寒未减,抑或是词人自身处境艰难的写照,此时词人穷途潦倒,愁损消瘦。上片结拍,“一舸青琴,乘涛载雪,聊共斟酌”,写他们在雪中泛舟,青琴本指仙女,这里喻指黄婉君,他们有家难奔,只好借酒消忧。

词的下片起句“更休怨、伤别伤春,怕垂老心情渐非昨”,叙写自身感受。词人年岁渐高,垂垂老矣,但是依旧沉沦,漂泊无依,此时心期早已不同于往日了,钱仲联先生认为“时黄婉君以贫,有不安于室之意,故有心期非昨之语”(《清词三百首》),或可为一解。接下来“弹指十年幽恨,损萧娘眉萼”,时间飞逝,弹指十年,羁旅他乡,难归故土,萧娘即指黄婉君,蒋春霖与黄婉君结合于咸丰五年(1855),于次年去官,寄居泰州、东台等地,生活日益潦倒,而婉君亦有不安于室之志,故有“幽恨”之语。“今夜冷,篷窗倦倚,为月明、强起梳掠”,寒潮未去,故而冰冷依旧,此时词人倦倚篷窗,心绪凄凉低落,然而明月高升,清辉漫洒,词人强起赏月,以此来排遣自己萧瑟的心情。结拍“怎奈银甲秋声,暗回清角”,银甲即是银制假指甲,用以弹奏,秋声乃凄凉肃杀之音,清角为悲戚之音,这等凄凉之歌,把词人带到了一个无限凄怨伤感的情绪之中。如莫立民先生言:“那‘银甲秋声’只能徒惹伤心人更加伤心而已。这阕词愁苦中有怨愤,哽咽啜泣中又有风云之气,词中人物既伤感凄恻,又孤介峭峻,很好地宣泄了郁结在作者心头的羁旅之情、思乡之念和沉沦下僚的怨愤之情。”(《近代词史》)可谓解人心曲矣。

蒋春霖自父亲过世之后，便家道中落，沉沦下僚，晚年依附在名流和盐商门下，成为一名食客。他对前辈词人姜夔充满了敬意，其身世也颇有相似之处，他与黄婉君的爱情也有点类似于姜夔与小红的词场风流。但是他又是不幸的，他生活在一个战乱频繁、国事日非的时代，婉君也比不上小红那么可人，最终，蒋春霖在他艳羡的“小红低唱我吹箫”的垂虹桥下，吞药自杀，结束了凄苦的一生。他死之后，其友人陈百生曾经写《哭蒋鹿潭》四首诗来悼念他，其中第三首是这么写的：

切切琵琶语，劳劳燕子飞。
三生空梦里，半照忽天涯。
螺黛贫先减，霜裘冷更赊。
小红原未嫁，何处马塍花？

一代一代的风流人物随着时间的飞逝，逐渐湮没在历史的尘埃里，当我们读起这些诗词时，才会从这些字里行间去窥得古人生活情感的一鳞半爪，慢慢品味，慢慢凭吊！

重迭泪痕缄锦字，人生只有情难死

——文廷式的爱情词

文廷式是晚清词坛名家，钱仲联先生《梦苕庵诗话》说："萍乡文芸阁廷式以词名一代，其词气王神流，得稼轩之髓，于晚清王半塘、郑叔问、朱古微、况蕙风四家外，别树一帜。"对文廷式的词学评价可谓高矣。当然从文廷式自己的角度来说，他恐怕是不甘心做一名词人的，而是想做一名政治家，他的祖父、父亲都曾经取得过功名，其祖父甚至在与太平军血战的过程中阵亡。生活在这样的家族，文廷式自然受到了祖辈们的影响，他具有深厚的爱国情感，并且终身服膺儒家思想。文廷式在光绪十六年(1890)考取进士，授翰林院编修。累升侍读学士，兼日讲起居注官，是帝党重要人物，与福山王懿荣、南通张謇、常熟曾之撰并称"四大公车"。在政治上，文廷式慷慨激昂，支持光绪帝，但是在私人生活上，他却有"情不能已"的一面。这就是关于他与梁鼎芬妻子龚氏的暧昧情感。

文廷式照片

梁鼎芬，字星海，号节庵，广东番禺人，光绪六年（1880年）进士，选翰林院庶吉士。光绪十年（1884）在中法战争时，时任直隶总督兼北洋大臣的李鸿章力主议和，梁鼎芬弹劾李鸿章六大可杀之罪，指责李鸿章与法国议约时在中越问题上处理失当。梁鼎芬却因此疏得罪慈禧，“妄劾”罪重治，后因大学士阎敬铭力阻而免，仍连降五级，到太常寺去做司乐小官，故愤而辞官。据苏同炳《近世学者与文人群像》所言，梁鼎芬辞官出京时，付托妻子给文廷式，后来传说文、龚二人有染，梁鼎芬听说后一笑置之。文廷式死后，龚氏生活拮据，传说梁鼎芬还对其进行了资助。这个龚氏是湖南人氏，美貌无双，而且能诗能文，也是个才女。所以文廷式对其欲罢不能，逐渐产生了感情。俗话说，朋友妻不可欺，可是这段感情确实来得太强烈，令他们不能自已。另据何东萍《云起轩词笺注·代前言》考证，文廷式与龚氏共生三子，因为不符伦常道德，这三子还遭受了文氏家族“除族”的遭遇。对于文氏而言，这段隐秘的感情，是绝对不能公布于青天白日之下的，但是内心压抑的感情潜流又总在不断涌动，自古“诗言志、词言情”“诗庄词媚”，词是一种幽微要眇的心绪文学，虽然不登大雅之堂，但是抒写隐秘感情还是颇有其便利之处，故而文道希的很多隐秘的情感都是借助词这种文学体式进行的，在何东萍的代前言中，他统计了约四十首此类感情的词作，先来看一首《蝶恋花》：

九十韶光如梦里。寸寸关河，寸寸销魂地。落日野田黄蝶起，古槐丛荻摇深翠。

惆怅玉箫催别意。蕙些兰骚，未是伤心事。重叠泪痕缄锦字，人生只有情难死！

由于我国古典文学批评深受儒家功利主义思想的影响，以及自屈原以来文学创作中广泛使用的香草美人自拟的创作传统，使得文学读解也时常打上了功利思想的烙印，如钱仲联先生就是这样评价是词的：“这词上片写出都。下片借美人香草以寄托对国事的关怀。古诗词此类以男女之情喻君臣之义，家国之思，已是常用手法。‘人生只有情难死’者，亦指思君忧国之情而言。”（《清词三百首》）钱先生这样解释或许有点牵强。就此中“重叠泪痕缄锦字，人生只有情难死”两句来看，不应当是君臣之间的情感，而应是写男女之情。

“锦字”一词的典故来源于《晋书·列女传》：“窦滔妻苏氏，始平人也，名蕙，字若兰，善属文。滔，苻坚时为秦州刺史，被徙流沙，苏氏思之，织锦为回文旋图诗以赠滔。宛转循环以读之，词甚凄惋，凡八百四十字，文多不录。”这个典故在古诗文中一般喻指妻子寄送丈夫的书信，表达夫妻之间缠绵的爱情。所谓“缄”即是寄的意思，当然这里或许是反用其意，是词人写给他心爱之人的书信。词人流着伤心泪，给他的情人写书信，这书信令其回想起了以往无尽的或甜蜜或伤心的往事，禁不住泪如雨下，也许那信件早已被泪水浸透了，所以词人不禁感叹，真正的爱情是不能忘却的啊，它永存在有情人的心灵深处，直到地老天荒也不会忘却，因此这首词实际上是一首爱情词，歌颂了爱情的可贵。在文廷式的另一首《蝶恋花》中，这种感情的表达更为情切：

若使他生真个有，拚却今生，情与秋俱瘦。月影笼纱霜拂袖，红闺此夜凉初透。

最是闻歌兼中酒，镜里芙蓉，一霎容消受。昙誓深深天听否？绸缪洛浦神归后。

词的上片，直接抒情，假如真有来生的话，他会拿今生的性命为此一搏。这肯定是一种爱而不得的情感，当然也就不是夫妻之间的情感了，如果已经真正结为夫妻，那么就不需要去祈盼来世未了情。接下来两句从对方着笔，写对方在孤寂凄冷的闺中等待自己的到来，词人渲染了一种凄迷朦胧的景象，这何尝不是对方那种心情的写照呢？词的下片，写自己因为思念难耐，借酒浇愁，在一片朦胧的醉意之中，他仿佛看到了朝思暮想的情人，这其实是由思入幻。结拍，指天为誓，天不能闻，情感绸缪，但是不能光明正大地公之于众，只能在暗地里深深思念，读来颇为伤悲。如何东萍所评：“此词为深秋怀人念远之作。文氏一生有一种刻骨而难言的恋情；此番恋情有今生今世不可逾越的障碍，今生今世都难成正果，却不能泯灭深挚的相知与相思。”这种恋情不正是他与龚氏的那种隐秘而难言的畸恋么！我们不妨再来看一首他的《蝶恋花》恋情词：

袅袅茶烟心绪乱。漠漠轻寒，魂在梨花苑。料得海棠春睡倦，梦回愁听莺声颤。

几日浮生偏聚散。只有情深，不似天河浅。瑶井辘轳声宛转，斑骓那系垂杨岸？

词的上片，直接书写自己心绪烦乱不能自已的情感，为什么会产生这样的情绪呢？答案在下面一句，“漠漠轻寒，魂在梨花苑”，身在此处，而魂梦早已飞向彼处，梨花苑中的那个佳人，正是他思念的对象，也是使他相思情炽的人。接下来两句也是从对方着墨，词人在思念他的心上人，同时想象着心上人也在思念他，那个令他魂牵梦绕的人，也是难以成眠，从思念的梦中醒来，一片愁苦，难以入眠，颤抖的莺声，也震颤了她思念的琴弦。词的下片，感叹时光易逝，容颜易老，但是令人伤感的是，偏偏还是聚少离多。尽管他们相聚甚少，但是这种深挚的情感，并不会因此而降温，相反，在词人看来，这种情感比天河还深。结拍，词人又一次的远行，留下了更深的思念和惆怅之情。

据说爱情的强度跟阻力有关，两个相爱的人，如果周围的阻力越大，那么他们想在一起的决心也就越大，被外在环境挤压出来的爱情，往往比温室里的爱情更有生命力，通过对文廷式爱情故事和爱情词的解读，看来似乎是有道理的。

契阔交游，死生义气

词体文学发轫于唐季五代，兴盛于两宋，元明相对衰微，复振于有清，已成学界共识。昔日王观堂论文学一代有一代之盛，那么一度衰微的词体文学为何会复兴于清代？学界前辈时贤于此多有发掘，崇论闳议，启人心智。然而翻检可知，论者多从社会历史关系入手，认为清词中兴是“文祸”促使下以词写心的避难策略。这种说法固然有一定的道理，然完全以社会历史决定论来探究文体兴衰未免有失偏颇。笔者私意以为，清词的复兴与清代文人之间借词体文学交游酬唱有莫大的关系。甚至可以这么说，清词的中兴，很大程度上得益于文人之间的交游唱和，引起的群体效应，清人在交游酬唱中，逐渐形成了一定的文人圈子，如清初形成的以王士禛为中心的广陵词人群体，以曹尔堪为中心的柳州词人群体，以纳兰性德为中心的京华词人群体等。由此促进了词体文学的繁荣。

在清人的契阔交游中，一个普遍的现象即是交游者之间用词作呈现出来的肝胆相照的真挚情谊，如顾贞观的《金缕曲》二阕，一直都被视作清代词坛佳话广为流传。此外，纳兰性德与顾贞观、姜宸英等人的唱和，林则徐与邓廷桢的唱和，王鹏运与文廷式等人的唱和，莫不体现了词人之间的真情厚谊，清词也因此而大放异彩。

北郭清溪一带流，红桥风物眼中秋

——王士禛的《浣溪沙》

王士禛是清代诗坛大家，字贻上，号阮亭，又号渔洋山人，山东新城人。他是入清之后考取功名的，顺治十五年(1658)的进士，因为他成年在入清以后，故而没有易代之际遗老们的那种故国之思、亡国之痛。他总持文坛的时候，提倡“神韵”说，内容多歌功颂德、粉饰太平，这与清王朝政治逐渐兴盛相适应，诚如同时代的大词人陈维崧给王士禛诗集作序时所说的：“新城王阮亭先生，性情柔淡，披服典茂。其为诗歌也，温而能丽，娴雅而多则。览其义者，冲融懿美，如在成周极盛之时焉……今值国家改玉之日，郊祀燕飨次第举行，饮食男女，各言其欲，识者以为风俗醇厚，旦夕可致，而一二士女尚忧家室之未靖，闵衣食之不给焉。阮亭先生既振兴诗教于上，而变风变雅之音渐以不作。读是集也，为我告采风者曰：‘劳苦诸父老，天下且太平，诗其先告我矣。’”

由于王士禛出名甚早，加上他雅爱诗文，所以从其游者很多，据闻当时诗人吴伟业曾经说“贻上在广陵，昼了公事，夜接词人”(《渔洋山人自撰年谱》卷上)，从中可以看出当时的风雅盛况。这里所说的广陵即是现在的扬州，王士禛顺治十七年(1660)至康熙四年(1665)离任，在扬州居官五年，因为为官清廉，又保护了一批遗民，故而能够得到江南士人的好感。而且王士禛为人慷慨，据说诗人许珌曾经路过扬州，与宗元鼎、汪楫、周亮工等一起宴集，时值手头没有川资，找王士禛借钱，正好王贻上手中也没有钱，于是他的夫人慷慨地解下自身佩戴的首饰，送给许珌做盘缠(蒋寅《王渔洋事迹征略》)。这些慷慨之举无不为他赢得了良好的声誉。王渔洋在扬州举行了多次诗文雅集唱和活动，如康熙元年的红桥唱和，王士禛率先填写了《浣溪沙》词三首，如其第一首为：

王士禛像

北郭清溪一带流，红桥风物眼中秋，绿杨城郭是扬州。

西望雷塘何处是？香魂零落使人愁，淡烟芳草旧迷楼。

这里的红桥，据清人徐釚《词苑丛谈》所言，在平山堂法海寺之侧，“王贻上司理扬州，日与诸名士游燕，间小有唱酬，江南北颇流传之，于是过广陵者皆问红桥矣”。红桥因为有王士禛引导的词学酬唱活动而扬名天下，凡是路过这里的人，都禁不住要打听一下红桥的所在，这里折射出来的当然是对他们雅集的艳羡之情。据王贻上的题序所言，参与这次唱和的人有杜浚、朱克生、袁于令、陈维崧等人。王士禛不仅主持了这次雅集，亲自填写词作，还作了一篇《红桥游记》记述了这次盛举：“出镇淮门，循小秦淮折而北。陂岸起伏多态，竹木蓊郁，清流映带。人家多因水为园，亭榭溪塘，幽窈而明瑟，颇尽四时之美。拏小舟循河西北行，林木尽处有桥，宛然如垂虹下饮于涧，又如丽人靓妆弦服，流照明镜中，所谓红桥也。游人登平山堂，率至法海寺，舍舟而陆，径必出红桥下。桥四面皆人家荷塘，六七月间，菡萏作花，香闻数里，青帘白舫，络绎如织，良谓胜游矣。予数往来北郭，必过红桥，顾而乐之。登桥四望，忽复徘徊感叹。当哀乐之交乘于中，往往不能自喻其故。王谢冶城之语，景晏牛山之悲，今之视昔，亦有然耶！壬寅季夏之望，与箨庵、茶村、伯玑诸子偶然漾舟，酒阑兴极，援笔成小词二章，诸子倚而和之。箨庵继成一章，予亦属和。嗟夫，丝竹陶写，何必中年？山水清音，自成佳话。予与诸子，聚散不恒，良会未易遘，而红桥之名，或反因诸子而得传于后世，增怀古凭吊者之徘徊感叹，如予今日，未可知也。”文章记叙了红桥附近的风物名胜，如画美景，以及与诸子一起游玩红桥填词纪事的雅事，结尾颇有点王羲之《兰亭集序》“后之视今，亦犹今之视昔”的感叹。

在词人的眼中，扬州一片葱茏，有如山水画中，明清易代扬州惨遭屠城十日的悲剧，显然逐渐为人们淡忘，或是不愿提及。词的下片，用“西望”领起，想到的是当年隋炀帝骄奢淫逸，最终亡国的悲剧，正像《红桥游记》中说的“增怀古凭吊者之徘徊感叹”，难言之隐，欲说还休。

廿载包胥承一诺，盼乌头、马角终相救

——顾贞观的《金缕曲》

古代统治者为了延揽人才，充实统治力量，先后使用了不同的铨选办法。相传上古时期，在选拔任用人才上实行的是推荐考查制，尧通过考查培养，最后把王位禅让给了舜，舜禅让给了禹，大禹的王位却传给了自己的儿子启，于是华夏民族进入“家天下”的阶级统治时期。夏朝的文化教育工作基本上被奴隶主贵族垄断控制，夏、商以迄西周，文化教育工作基本上是贵族阶层的特权，在统治人员任用上也是以受过教育的贵族子弟为主，根据血缘关系的远近亲疏，分配不同的职位，父死子继，兄终弟及，世代相传。随着铁质农具和牛耕犁的广泛应用，农业生产力得到了极大的提高，经济的变化打破了奴隶制的生产关系，加速了封建制生产关系的孕育成熟，新兴地主阶级诞生，为了保护自己的利益，他们积极参与社会经济政治生活。而随着经济政治的下移，加上一部分拥有文化的贵族身份地位的沦落，有效促进了文化的下移，于是私学逐渐发展起来。

到了春秋战国时期，社会发生急剧动荡，官学衰微，西周时期的礼乐典章制度根本不能适应“礼崩乐坏”的形势，各国统治者急需“贤人”辅政，特别是“士”这个阶层的崛起，他们大多能掌握一定的文化知识或有一技之长，这些人四处游说，积极投靠有权势的人，寻求进身之阶，成为社会上非常活跃的一股势力。在诸侯争霸、群雄竞起的时代，各个诸侯为了扩展自己的势力，也很注重招贤纳士。当时的王公大人和卿大夫都能“礼贤下士”，实行“尊贤”的政策。如战国时代四公子田文、赵胜、黄歇、魏无忌，都号称能养士，名动一时。所以这个时期基本上采用“选士”和“养士”的办法搜罗人才。

秦王朝经过短暂的统一便不幸夭折，汉朝代兴。汉朝统治者重视知识分子的作用，还特地颁布“求贤诏”，在文教上兴太学，并允许办私学，重视选举，选贤任能，建立察举制度。太学成为养士的重要基地。东汉末年，宦官和外戚交相专权，政局动荡，中国随之进入战乱频繁的魏晋南北朝时期。曹魏初期，曹操为了维护发展自己的势力，打破了东汉以来的用人标准，提倡“唯才是举”，从210年到217年，他先后三次颁布“求贤令”，大力吸引人才。曹操死后，他的儿子曹丕急于称帝，为了取得传统世家大族的支持，他采纳了吏部尚书陈群的建议，根据东汉乡举里选的传统，创立并推行了“九品中正制”，也叫“九品官人法”，这种方法是在地方的州和郡设置大小中正官，由地方上有声望的人或“著性世族”担任，依据管辖地区内人物的德行和家世，对人的才性进行品评定位，一共分为九个等级，也即上上、上中、上下、中上、中中、中下、下上、下中、下下。大小中正官们定期对辖区内的人物进行品评，定下品级，然后推荐给政府。政府在授官时，就要参考他们确定的品级，以此作为授官的依据，然后按品授官。在实际操作过程中，中正官逐渐被世家大族把持，品第人物越来越重视家世出身，“九品中正制”后来基本上为士族地主阶级所操纵，庶族地主的政治权利受到限制，结果出现“上品无寒门，下品无士族”的局面。而按门第取人这本身就是一种严重的社会不公，所以左思才会慨叹“世胄蹑高位，英俊沉下僚”（《咏史》其二）。这种用人方法不仅容易滋生腐败，而且阻塞贤良，特别是有才能而又出身卑微的人，他们通往社会上层的路基本上被彻底堵塞了。因此流弊百出的“九品中正制”逐渐招致了广泛的社会批评。到魏晋南北朝后期，随着士族大地主的势力减弱，以及越来越激烈的社会批评，“九品中正制”逐渐被废除，一种新的选士制度——科举制便应运而生了。

唐朝建立以后就注重人才选拔的问题，据《唐摭言》记载，唐高祖武德四年（621）曾下诏：“诸州学士及早有明经及秀才、俊士、进士，明于理体，为乡里所称者，委本县考试，州长重覆，取其合格，每年十月随物入贡。”第二年又下令，明确宣布，士人可以“投牒自应”，也即是说，不再需要别人的推荐或者举荐，可以自愿前往报名参加考试，这是一个非常了不起的进步。从隋代的科举我还可以看到“举荐”二字，到这个时候，举荐便彻底地消除了，任何人，不分出身贵贱、地位高低、财产多寡，都可以报名参加考试，而且考试时间固定化——每年十月，这样就逐渐排除了贵族阶层的专权舞弊的做派，保证了士人阶层可以通过自由考试制度晋升统治阶层。所以一般认为唐高祖武德五年（622）选举诏令的颁布标志着以自应考试为特征的科举制度的正式形成。

科举制度的形成，本来是一个好事，也即是它在最大限度上保证了人才晋升的公平性与合理性。但是总有那么一些人，不走正道，不在读书作文上下功夫，却试图通过搞关系、走后门来实现自己的晋升之途。如著名学者孟森《心史丛刊》中所言:“铨政纵极清平,能免贿赂,不能免人情;科举亦然,士子之行卷,公卿之游扬,恒为猎取科第之先导,不足讳也。前明如程敏政、唐寅之事,沈同和、赵鸣阳之事。”这种科举舞弊的风气在明代中后期愈演愈烈,把好端端一个选拔人才的制度搞得乌烟瘴气。明清易代之后,这种歪风邪气没有随着新王朝的建立而寿终正寝,反而继续昌行,于是在清朝顺治十四年(1657)年,终于爆发了令汉族士子战栗不已的丁酉科场大案。据清人所撰《研堂见闻杂记》所言:“丁酉之役,江南两座主及分房诸公,与逮系举子,既讯鞫后,天子不复严问,以为可因缘幸脱,或长系狱中矣。至岁杪,忽降严纶,两座师骈斩西市,十六分房诸公皆绞死于长安街;举子则各决四十,长流宁古塔,而财产皆入官;诸父兄妻子,各随流徙。按宁古塔,在辽东极北,去京七八千里。其地重冰积雪,非复世界,中国人亦无至其地者。诸流人虽各拟遣,而说者谓至半道,为虎狼所食,猿狖所攫,或饥人所啖,无得生也。”丁酉科场案发生之后,很多从案人员还抱着侥幸心理,以为可以逃脱罪责,顶多不过受几年牢狱之灾,哪里知道到了年底,清廷开始跟他们算总账了。“两座师骈斩西市,十六分房诸公皆绞死于长安街”,这个血淋淋的场景估计把当时的汉族士子惊呆了,还有诸多复试没有通过的举子,则流放到宁古塔,宁古塔远在现在黑龙江省,当时属于尚未开发的地带,豺狼猛虎众多,加之天气寒冷,缺衣少食,流放至此的人大多是有去无回。

在这批流放的举子中,有一个冤大头在《戊戌三月九日自礼部被逮赴刑部口占二律》中这样写道:“冤如精卫悲难尽,哀比啼鹃血未干”,他就是江南名士吴兆骞。据《清史列传》所言:“吴兆骞,字汉槎,江苏吴江人。少有俊才,童时作《胆赋》五千余言,其师计名见之,诧曰‘此子异时有盛名,然当不免于祸矣。’及长,继复社主盟,才名动一世。时有‘江左三凤凰’之目,谓华亭彭师度、宜兴陈维崧及兆骞也。”从中我们可以看出吴兆骞确实是个才子,而且成名甚早,但是这样一个江南才子,为什么也遭受了丁酉科场案之祸呢?事情原来是这样的。

吴兆骞像

吴兆骞于丁酉年(1657)参加江南乡试,他其实没有舞弊,也没有勾兑考官,但是时运不济,祸从天降。当时有人向朝廷举报,这次江南科考中间有黑幕,有人贿赂考官,通过暗箱操作求取功名利禄。这个事让顺治皇帝知道了,搞得皇帝老儿很不快活,于是责令刑部进行审查,并决定亲自组织江南新科举人进行复试。按照吴兆骞的才能，在复试中应该不存在问题，可是这位写过《胆赋》的名士实际上胆量很小，清人戴璐《石鼓斋杂录》中记载："吴汉槎兆骞，本知名士，战栗不能握笔，审无情弊，流放尚阳堡（按，此处当为宁古塔，作者笔误）。"为什么吴兆骞在复试过程中吓得战战兢兢手无握笔之力呢？原来复试的场景是这样的，据李延年《鹤征录》载："复试之日，堂上命二书一赋一诗，堂下列武士，锒铛而外，黄铜之夹棍，腰市之刀，悉森布焉。"另据王应奎的《柳南随笔》载："是时每举人一名，命护军二员持刀夹两旁，与试者悉惴惴其僳，几不能下笔。"整个复试的场景显得十分阴森恐怖，持刀拿棍的武士，威风凛凛地站在考生旁边，复试的考场显得杀气腾腾。正是这样一个场景，把可怜的吴兆骞吓破了胆，估计他当时手脚都吓瘫软了，乃至握笔之力都没有，交了白卷，成为名副其实的"白卷英雄"，结果流放到了宁古塔，真是可怜可叹。

然而吴兆骞终究是江南名士，他的遭遇引起了诸多士人的同情，还有人在积极为其奔走营救，这不仅体现了士人之间的深厚情谊，甚至在文坛上留下了不朽的佳话，其中最有名的允推吴梅村的《悲歌赠吴季子》和顾贞观的两首《金缕曲》。在吴梅村的诗中，诗人这样写道：

人生千里与万里，黯然销魂别而已。
君独何为至于此？
山非山兮水非水，生非生兮死非死。
十三学经并学史，生在江南长纨绮。
词赋翩翩众莫比，白璧青蝇见排诋。
一朝束缚去，上书难自理，绝塞千里断行李。
送吏泪不止，流人复何倚？
彼尚愁不归，我行定已矣！
八月龙沙雪花起，橐驼垂腰马没耳。
白骨皑皑经战垒，黑河无船渡者几？
前忧猛虎后苍兕，土穴偷生若蝼蚁。
大鱼如山不见尾，张鬐为风沫为雨。
日月倒行入海底，白昼相逢半人鬼。
噫嘻乎悲哉！
生男聪明慎莫喜，仓颉夜哭良有以。

受患只从读书始，君不见，吴季子！

这首诗写于顺治十五年（1658），吴季子即是指吴汉槎，他在兄弟中排行第四，古人按照伯、仲、叔、季的次序，故而称之为吴季子。这首诗除去雕饰，以气运词，一气呵成，对友人的无辜被逐寄予了无限的同情。顾贞观的两首《金缕曲》具是慰问吴兆骞的名篇佳作，最为脍炙人口。顾贞观，初名华文，字华峰，号梁汾，江苏无锡人。他是为吴兆骞奔走营救最为卖力的友人，据说他为营救友人还曾屈膝求告，而他的这两首词则历来备受传诵，誉为词场佳话，先来看这两首词：

其一

季子平安否？便归来、平生万事，那堪回首。行路悠悠谁慰藉，母老家贫子幼。记不起、从前杯酒。魑魅择人应见惯，总输他、覆雨翻云手。冰与雪，周旋久。

泪痕莫滴牛衣透。数天涯、依然骨肉，几家能够。比似红颜多命薄，更不如今还有。只绝塞、苦寒难受。廿载包胥承一诺，盼乌头、马角终相救。置此札，兄怀袖。

其二

我亦飘零久。十年来、深恩负尽，死生师友。宿昔齐名非忝窃，只看杜陵穷瘦。曾不减、夜郎孱愁。薄命长辞知己别，问人生、到此凄凉否？千万恨，为兄剖。

兄生辛未吾丁丑，共些时、冰霜摧折，早衰蒲柳。诗赋从今须少作，留取心魄相守。但愿得、河清人寿。归日急翻行戍稿，把空名、料理传身后。言不尽，观顿首。

顾贞观的这两首词作于康熙十五年（1676），词后有作者补记："二词容若见之，为泣下数行，曰：'河梁生别之诗，山阳死友之传，得此而三。此事三千六百日中，弟当以身任之，不俟兄再嘱也。'余曰：'人寿几何，请以五载为期。'恳之太傅，亦蒙见许。而汉槎以辛酉人关矣。附书志感，兼志痛云。"这条补记应该是在纳兰性德死后作者补记的，文中我们可以看出纳兰性德读罢此二阕之后，甚为感动，对其评价很高，并决定帮忙营救吴兆骞。纳兰性德的《祭吴汉槎文》中说："自我昔年，邂逅梁溪。子有死友，非此而谁?《金缕》一章，声与泣遂。我誓返子，实由此词。"这些文字都是当事人的记载，应该是属实。也即是顾贞观曾经请求纳兰性德帮忙营救好友吴汉槎，纳兰氏拜读了顾贞观的这两首词之后，大为感动，于是决计帮忙办成此事。那么这两首词的魅力到底在哪里呢？我们一起来看看。先看第一首。

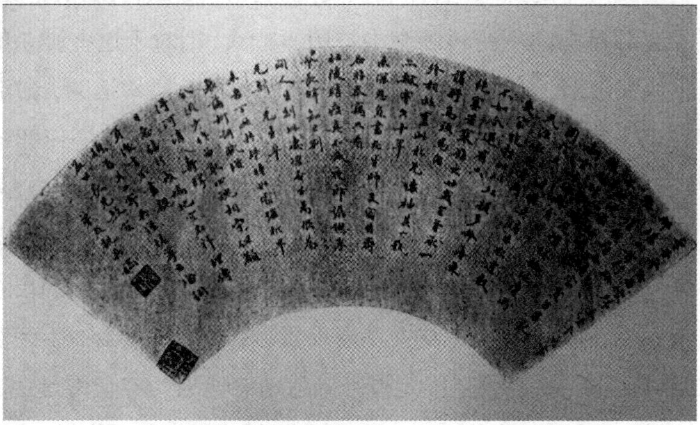

顾贞观《金缕曲》手迹

第一首词侧重写友人含冤被逐，并发誓帮忙营救友人。起句便是对友人的深情问候，"季子平安否"，意思是你近来平安吗，一句问候，将词人对友人的深切关怀娓娓道出，接着写道，即便是归来了，那含冤受屈的往事，也是令人不堪回首啊！问候中道出了对友人遭遇不平的愤慨之情。因为友人远放宁古塔，故有"行路悠悠"之语，他被放逐到遥远的地方，孤苦伶仃，无人慰藉，而家中又是"母老家贫子幼"，上有老母需要赡养，下有幼子需要关怀，可是造化弄人，友人无辜遭逐，无力侍亲，这些无不令人痛惜。也许友人在流放之地，艰难度日，早已忘怀了他们曾经在一起诗酒唱和的快乐时光，但是词人却一直牢记心头，这无不说明词人对友人绵绵不绝的情谊。接着写到了吴兆骞被害的因由。"魑魅"也就是传说中的妖魔鬼怪，这里指代吴兆骞的仇家章在兹和王发等。前文已述，吴兆骞少负隽才，是吴中慎江社的领袖，他曾经与吴中同声社的章在兹、王发因为争夺刻选评点八股文考卷的事情结下了梁子，"顺治十六年罹科场之狱，遣戍宁古塔，章、王所告发也"（邓之诚《清诗纪事初编》），因此这里的魑魅应该是指吴兆骞的仇家章在兹和王发，他们能够"覆雨翻云"，也即是反复无常，手段卑劣。也正是因为这些卑劣的小人使坏，才使得友人发配边疆，在冰天雪地里面周旋、徘徊、怅惘。词的下片，用了“牛衣”的典故，据《汉书·王章传》记载，王章贫困时，曾经卧在牛衣中与妻子对泣，这个地方用的是“泪痕莫滴牛衣透”，也即是劝慰友人对自己的遭遇不要过分悲伤。接着劝慰友人说，你即使在冰天雪地之中，依然能够与家人团聚，这种美好的天伦之乐，并不是人人都能够享受到的，正所谓“几家能够”。接着继续劝慰，“比似红颜多命薄，更不如今还有”，相对于那些红颜薄命的人来说，你们夫妻能够相伴终老，已经很幸运了。也有人说这里的红颜是指在丁酉科场案中被屠戮的人，相对于这些被杀的人而言，吴兆骞虽然远配边疆，但是毕竟还是保住了性命，因此是幸运的，或可作为一种参考。接着词人笔锋一转，尽管友人幸运地保全了性命，但是死罪逃了，活罪难免，他在“绝塞”饱受苦寒，吴兆骞在《与计甫草书》中曾经说到“塞外苦寒，四时冰雪。陶陶孟夏，犹著敝裘。身是南人，何能堪此。每当穹庐夜起，服匿晨持，鸣镝呼风，哀笳带雪，萧条一望，泣下沾衣。”这是作者在塞外的自述，可与顾贞观的这首词相互印证。当然友人在塞外受苦，词人并不会袖手旁观，他决计帮忙老友脱离苦海。接着用了申包胥一诺救楚的典故。申包胥是楚国人，与伍子胥有交情，伍子胥为了给父亲报仇，决定消灭楚国，申包胥说“我必存之”。后来伍子胥带兵攻打楚国，楚国命悬一线，申包胥到秦国，请求援救，哀泣不已，打动秦王，最后秦哀公出兵救楚。这里用这样一个典故是为了表明作者会重视承诺，极力营救友人。接着词人用了《史记·刺客列传》中“乌头马角”的典故，本意是指不可能实现的事情，词人在此用这个典故，是为了向友人表明心迹，哪怕是像乌生头马生角这样困难，他也不会气馁，百折不挠，尽力营救友人。最后两句，意为请友人珍藏这封书信，作为凭证，同时也是激励友人不要灰心，在精神上支持友人挺过难关。

再来看第二首词。前面一首词主要是对友人的关怀问候，第二首则重点写自己的坎坷人生，与好友同病相怜，同时又劝慰友人不要灰心，善自珍重，终有平冤昭雪的一天，到那时，友人就会南归与亲友团聚。第二首起句“我亦飘零久”，叙写自己的不幸遭遇。顾贞观本是与吴兆骞齐名的江南名士，他大约在顺治末年入京，求取功名，还曾经以“落叶满天声似雨，关卿何事不成眠”一句而备受当时名流龚鼎孳等人的赏识。康熙五年(1666)中举，康熙七年(1668)丁忧离任，康熙十年(1671)因为受魏裔介的牵连而受累，毅然辞去官职，飘零京师，为了在京师再图进取，他大概也有如同杜甫的“朝扣富儿门，暮随肥马尘”的屈辱经历。直到康熙十五年(1676)经人介绍,结识了真正的知己纳兰性德,两人结下了深厚的友谊。词人从中举到康熙十五年正好十年时光,在这十年之中,他为了寻找生活的出路,南北奔走,寄人篱下,也是饱尝了人间冷暖,所以“飘零久”,算是对这种生活有深切的体味。正是因为词人十年来自己也没有取得功名,飘零落魄,所以也难得担负起营救友人的重任,故而说自己“十年来、深恩负尽,死生师友”,对友人报以深深的惭愧之情,这种负疚感也正是因为词人对友人的深情厚谊所致。接下来作者用李白、杜甫的深情厚谊进行自比,顾贞观也是早有才名,年轻时就与吴兆骞齐名,如《清史列传》所言“贞观美凤仪,才调清丽,文兼众体。能诗,尤工乐府。少与吴兆骞齐名”,因此作者才自比杜甫,他像当年杜甫怀念流放夜郎的李白那样憔悴消瘦。然而不幸总是接踵而至,词人的妻子也不幸亡故,当时顾贞观还不到四十岁,中年丧偶,本就是人生三大不幸中的一种,不仅如此,人生知己吴兆骞也被发配边疆,天涯远别,自己的一腔幽情,无处倾诉,人生至此,怎能不凄凉?所以这些恨事和牢骚都一发于词,以词代书,向远方的友人倾诉出来。词的下片把词人和友人的生年与明清易代的政局联系起来,吴兆骞生于辛未年(1631),而顾贞观生于丁丑年(1637),他们都经历了明清易代那段血与火的经历,不仅如此,他们还遭到其他阴险人物的迫害,如吴兆骞被章在兹、王发陷害,顾贞观受李之芳弹劾魏裔介之牵连,也正是因为这些“冰霜摧折”,才使得词人和友人成为“早衰蒲柳”,所以词人劝勉友人以后要爱惜身体,不要呕心沥血写诗作赋,免得心力交瘁损伤身心。俗话说,留得青山在,不愁没柴烧,只有保住了身家性命,生还江南才可能有希望,否则身死绝塞,只能魂兮归江南了。因此,保住了身体性命,如果有朝一日“河清人寿”,归来不是没有希望。最后,作者想象着友人在归来时,翻检整理作品,以此流传后世,成就名山事业。最后两句尤为巧妙,“言不尽,观顿首”,还原为书信的格式,照应了第一首起笔的“季子平安否”,首尾呼应,浑然一体。将情感、书信、词体艺术完美融合到一体,得到了后来诸多评论家的好评,如清代著名词学批评家陈廷焯在《白雨斋词话》中就这样点评:

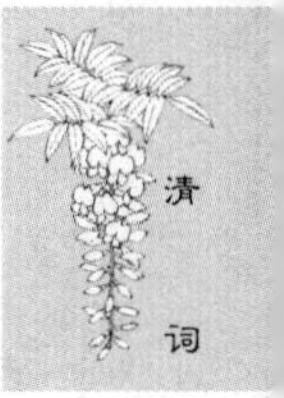

华峰《贺新郎·寄吴汉槎宁古塔以词代书》两阕(按,这里《贺新郎》即《金缕曲》),只如家常说话,而痛快淋漓,宛转反覆,两人心迹,一一如见,虽非正声,亦千秋绝调也。……二词纯以性情结撰而成,悲之深,慰之至,丁宁告戒,无一字不从肺腑流出,可以泣鬼神矣。

《续修四库全书·〈弹指词〉提要》也说：

寄吴汉槎《金缕曲》二阕，虽非词之正派，然金石肝胆，长歌当哭，亦古今少见之作。词名闻于朝鲜，有来由也。

顾贞观的这两首词不仅在中国大地上广为流传，甚至流传到朝鲜等地，可见其影响非同一般。

青眼高歌俱未老，向尊前、拭尽英雄泪

——纳兰性德、顾贞观的唱和词

顾贞观二阕《金缕曲》，感动纳兰性德，并且将在丁酉科场案中含冤受屈发配东北边地的吴兆骞救了回来，在词坛传为佳话。应该说在拯救吴兆骞的过程中，起到关键作用的还是纳兰性德，如果没有纳兰氏的鼎力相助，仅凭飘零京城衣食无依的顾贞观是难以完成这个事情的。

康熙五年（1666），顾贞观举顺天乡试，获得第二名的好成绩，得到了一个卑微的小官职，然而就是这样一个微小的官职也难保全。康熙十年(1671)，贞观的引荐者魏裔介被李之芳弹劾，在政治斗争中败下阵来，以老病乞休。为了保身，顾贞观也抽身官场。康熙十五年（1676），顾贞观在友人徐元文的引荐下，馆于纳兰明珠家，由此结识了纳兰性德，因为共同的文学旨趣，两人结为知己之交，开始了诗词酬唱的生活。

在顾贞观的一首唱和纳兰性德的《金缕曲》中，顾氏用附注的形式追叙：“岁丙辰（1676），容若二十有二，乃一见即恨识余之晚。阅数日，填此曲为余题照，极感其意，而私讶他生再结语殊不祥，何意竟为乙丑五月之谶也，伤哉！”也即是说，在康熙十五年顾贞观始与纳兰性德订交，纳兰氏曾经给顾氏的画像题词一阕，而且两人有相见恨晚的感觉。此时顾贞观已经年过不惑，而纳兰性德只有二十二岁，年纪相差十八岁，两人为忘年之交。此外，纳兰氏的父亲纳兰明珠是当时炙手可热的权贵，纳兰性德是贵胄公子，而顾贞观却是飘零京华的江南布衣，纳兰氏家的家庭教师。地位也是非常悬殊，可是两人硬是冲破了世俗的藩篱，通过精神的契合和审

顾贞观像

美的追求，建立了深情厚谊，并且希望来生继续订交，这个还曾经让顾贞观以为不祥的词句后来真的发生了，也即是纳兰氏不幸亡故。而这里所说的纳兰性德的词即是其《金缕曲·赠梁汾》：

德也狂生耳。偶然间、淄尘京国，乌衣门第。有酒惟浇赵州土，谁会成生此意。不信道、遂成知己。青眼高歌俱未老，向尊前、拭尽英雄泪。君不见，月如水。

共君此夜须沉醉。且由他、娥眉谣诼，古今同忌。身世悠悠何足问，冷笑置之而已。寻思起、从头翻悔。一日心期千劫在，后身缘、恐结他生里。然诺重，君须记。

词的上片，是作者自述，“德也狂生耳”，这里的“德”即是纳兰性德自指，所谓“狂生”，也即是不拘礼法与世俗偏见的狂放之人，《史记·郦生陆贾列传》中说：“郦生食其者，陈留高阳人也。好读书，家贫落魄，无以为衣食业，为里监门吏。然县中贤豪不敢役，县中皆谓之狂生。”纳兰性德以狂生自比，一下子拉近了他与顾贞观的距离。接着词人继续说道，“偶然间、淄尘京国，乌衣门第”，进一步告诉顾氏，自己的贵胄身份是“偶然”所得，不是刻意追名逐利的结果，乌衣门第本是指乌衣巷，东晋以来，王、谢世家大族都住在这里，世人称之为乌衣门第，后来用来指贵戚身份。既然词人认为自己的贵戚身份是偶然所得，不是刻意经营的结果，那么如果去掉这个“偶然”，他们之间也就没有什么差别了，所以这里是在继续打消与顾贞观身份之间的隔膜。接下来，词人又化用了赵国平原君赵胜礼贤下士的典故，可惜的是，真正能够理解他的人却不多，据徐乾学《纳兰君墓志铭》所言：“君所交游，皆一时隽异，于世所称落落难合者，若无锡严绳孙、顾贞观、秦松龄，宜兴陈维崧，慈溪姜宸英，尤所契厚。”当时坎坷失志的士子，漂泊无依的文人墨客，旅食京师，多蒙纳兰氏照顾，故而纳兰性德以平原君自居。古人常言知己难逢，可是词人与顾氏却偶然相识，结为知己，真是令人惊喜。接下来，词人写“青眼高歌俱未老，向尊前、拭尽英雄泪”，这里用了青白眼的典故，《晋书·阮籍传》说阮籍能为青白眼，见到凡夫俗子或者自己不喜欢的人，则是用白眼对之，相反，若是自己欣赏的人来访，则是用青眼对待。纳兰氏用青眼待顾贞观，表明他十分欣赏顾贞观，“具未老”说明他们心理年龄都还没有老，同时抹平了其年龄上的距离。因为酒逢知己千杯少，知己相遇，把酒言欢，谈到情浓时，不禁英雄落泪，而那时正是月色如水之夜，这个宁静的夜晚，两个知己相逢，交杯换盏，推心置腹，牢骚不平、抑郁不欢之情在酒后一扫而空，也像那如水的月色，逐渐恢复了宁静。

酒逢知己饮，心向挚友开。两人在月光之下，把酒细谈，所以有“共君此夜须沉醉”之语，表明两人决计不醉不归。在这种欢快的场合，那些曾经的坎坷遭遇都由它去吧。我们在上文中说过，顾贞观曾经遭人诽谤落职，大概愤慨不平，故而酒中多有倾诉，此时纳兰性德则是劝慰他放开些，不必为此伤感恼怒。在谈到纳兰性德自己的身份地位时，他说“身世悠悠何足问，冷笑置之而已”，也即是说他自己其实并没有以这个显赫的身份为骄傲，甚至在词人看来，身份门第这个东西根本不值一提，一笑置之而已，这里也再次回应了上片中的“偶然间、淄尘京国，乌衣门第”。而且在这一年，纳兰性德参加了科考，成为进士，等待馆选却没有下落，职位久久不能确定，这个也让他对当初赴考产生后悔之意。“一日心期千劫在，后身缘、恐结他生里”，佛家以天地一成一毁为一劫，千劫则是说时间之长，但是两人订交一日的感情，纵然历尽千劫而不会改变，不仅如此，词人还期许来世继续与顾贞观为友。结句“然诺重，君须记”，表明了词人的坚定态度，话既出口，绝不食言。所以顾贞观读后极为感动，也唱和了一首《金缕曲·酬容若见赠次原韵》：

> 且住为佳耳。任相猜、驰笺紫阁，曳裾朱第。不是世人皆欲杀，争显怜才真意。容易得、一人知己。惭愧王孙图报薄，只千金、当洒平生泪。曾不直，一杯水。
>
> 歌残击筑心逾醉。忆当年、侯生垂老，始逢无忌。亲在许身犹未得，侠烈今生已已。但结托、来生休悔。俄顷重投胶在漆，似旧曾、相识屠沽里。名预籍，石函记。

在顾贞观的唱和词作中，他先是用李白流放夜郎时，杜甫《不见》诗句“世人皆欲杀，吾意独怜才”的典故，借李、杜交谊来比喻作者与纳兰氏的深情厚谊。在下片中用了侯生遇魏公子无忌的典故，作者自比侯嬴，用魏无忌比喻纳兰性德，也即是自己中年遇上纳兰氏犹如老年侯嬴遇上知己魏无忌。真切表达了作者对性德知遇之恩的感激，同时也表达了来生继续订交的愿望与决心。读来也相当感人。

纳兰容若死后，顾贞观还写了一篇深情的祭文，也即是《祭纳兰容若文》：“呜呼吾哥！其敬我也不啻如兄，其爱我也不啻如弟，而今舍我去耶？吾哥此去，长往何日？重逢何处？不招我一别，订我一晤耶？且擗且号且疑且愕，日晻晻而遽沉，天苍苍而忽暮，肠惨惨而欲裂，目昏昏而如瞀。……洎谗口之见攻，虽毛里之戚未免致疑于投杼，而吾哥必阴为调护，此其知我之独深，亦为我之最苦。岂兄弟之不如友，生至今日而竟非虚语！又若尔汝形忘，晨夕心数，语惟文史，不及世务，或子衾而我覆，或我觞而子举，君赏余弹指之词，我服君饮水之句。……犹忆吾哥见赠之词有曰：‘一日心期千劫在，后身缘、恐结他生里。’又曰：‘惟愿把、来生祝取，慧业同生一处。’呜呼！又岂偶然之言，而他人所得预者耶？……已矣！伯牙之琴盖自是终身不复鼓矣，何身可赎？何天可吁？音容僾然，泣涕如澍，再世天亲，誓言心许，魂兮归来，鉴此悰愫。”哀婉缠绵，如泣如诉，读来催人泪下。

一事伤心君落魄，两鬓飘萧未遇

——纳兰性德、姜宸英等的唱和词

清初失意落魄的文人才子很多，而以朱彝尊、严绳孙和姜宸英为最，他们三人在当时声名远播，却又没有取得与才华相应的功名地位，又同属江南人物，故而人们给他们送了雅号叫作“江南三布衣”。朱彝尊和严绳孙我们在前文都有过相关讲述，这里来看看姜宸英。

姜宸英，字西溟，浙江慈溪人。据《清史列传》记载，他年轻的时候就开始攻举子业，并且对古文辞颇为在行，但是这样一个勤奋好学、天资聪颖的人，在科考的进程中却一直不是很顺利，“屡踬于有司”，“踬”就是事情不顺利、受挫折的意思，由此看来他在科考上是屡受挫折，但幸运的是“声誉日起”，名气逐渐大了起来，连康熙皇帝也知道了他的名字。后来清廷开设博学鸿词科，延揽汉族士子入彀中。当时翰林院侍读学士叶方蔼联系侍讲学士韩菼联名推荐姜宸英，然而事不凑巧，叶方蔼因为公务诏入禁中一个月，这时韩菼只好独自上书吏部，但是已经错过了时机。后来叶方蔼当上了编修《明史》的负责人，于是推荐姜宸英入明史馆，就这样姜宸英在京城拿到了七品官这个等级的俸禄，在明史馆负责修撰明代的刑法志。姜宸英流寓京华的时候，因徐乾学的介绍，他开始结识纳兰性德。

姜宸英尽管与贵戚交往，但是还是保持着自身的尊严与品格，《清史列传》记载：“宸英在京时，大学士明珠长子性德从宸英学，明珠有幸仆曰安三，颇窃权，宸英不少假借。性德尝以为请，宸英益大怒，掷杯起，绝弗与通。安三知之，憾甚。以故连蹇不得志。”从这个故事我们可以看出姜宸英为人耿直，不私阿逢迎，这也大概是他赢得纳兰性德尊重的一个重要原因吧。纳兰性德的词集中有一首《金缕曲·西溟言别赋此赠之》即是写给姜宸英的：

谁复留君住。叹人生、几翻离合，便成迟暮。最忆西窗同翦烛，却话家山夜雨。不道只、暂时相聚。滚滚长江萧萧木，送遥天、白雁哀鸣去。黄叶下，秋如许。

曰归因甚添愁绪？料强似、冷烟寒月，栖迟梵宇。一事伤心君落魄，两鬓飘萧未遇。有解忆、长安儿女。裘敝入门空太息，信古来才命真相负。身世恨，共谁语。

据张草纫的《纳兰词笺注》推断，这首词大约写于康熙十八年(1679)秋，表达了对姜宸英的惜别留念之情。词的上片，起句并开始感慨，留君不住，这几番离合，人就开始衰老了。接下来词人按照“合”与“离”的顺序来写。在人生相合的过程中，词人化用了李商隐的《夜雨寄北》中的诗句“何当共剪西窗烛，却话巴山夜雨时”，借此来描述两人共同交流切磋的情景。接着写“离”，并且化用了杜甫《登高》诗句“无边落木萧萧下，不尽长江滚滚来”，以此来比喻两人的分离。而这个时候正是黄叶纷飞的秋天，更为词人添了一段离愁别绪。

词的下片，强打精神，安慰友人，回家分别也不要过于伤心，毕竟回家比漂泊在外、孤苦伶仃栖居寒寺要好一些嘛。当时姜宸英流寓京城，是纳兰性德帮忙将其安顿在北京什刹海龙华寺，故有“梵宇”一词。然而还有更令人伤神的事情，也即是姜宸英的落魄不遇，家中的妻女正在翘首以盼。随后，词人又化用了苏秦连横的典故，《战国策·秦册》：“苏秦始将连横说秦惠王曰……说秦王书十上而说不行，黑貂之裘弊，黄金百斤尽，资用乏绝，去秦而归。羸縢履蹻，负书担橐，形容枯槁，面目犁黑，状有归色。”以苏秦不遇来比喻友人的处境，接着又化用了李商隐《有感》一诗“中路因循我所长，古来才命两相妨”，自古才士的命运多不顺，才能和运气相互妨碍。结拍，这么大的憾事，找谁诉说去啊！

整首词表达了对友人的眷念、关怀之情，同时对友人命运多舛寄予了无限同情，向人们展示了他们之间真挚的友情。实际上纳兰性德的这首词在当时引起了不少词人的唱和，如宜兴大词人陈维崧、无锡严绳孙等人都进行了唱和。先看陈维崧的和作《贺新郎·送西溟南归，和容若韵。时西溟丁内艰》：

三载徐园住。记缠绵、春衫雪屐，几曾离阻。又作昭王台畔客，日日旗亭画句。最难得、他乡欢聚。眼底独怜君落拓，又何堪，鹃鸟啼红去。都不信，竟如许。

千丝漫理无头绪。问愁悰、原非只为，渭城朝雨。如此人还如此别，说甚凌云遭遇。笑多少、痴儿騃女。本拟三冬长剪烛，怅今番、旧约成孤负。和残菊，隔篱语。

在这首词作中，陈维崧也表达了对姜宸英多才多艺的钦佩景仰之情，同时又对其“落拓”不遇的凄凉处境感到悲伤。再看看严绳孙的《金缕曲·送西溟奔母丧南归词韵》：

此恨何当住。也须知、王和生死，总成离阻。真使通都闻恸哭，废尽蓼莪诗句。算母子、寻常欢聚。粳稻登场春韭绿，便休论、万里封侯去。须富贵，竟何许。

片帆触处成悲绪。问从今、檐乌堠燕，几番风雨。不尔置君天禄阁，未算人生奇遇。甚一种、世间儿女。画荻教成羞半豹，早高堂、鸾诰偏无负。天可问，倘相语。

严氏词作对友人默默劝慰，希望他对母亲的离去不要过去悲痛，而应该努力奋斗，以此来告慰黄泉之下的老母。

通过对以上三首词的简单解读，我们可以看出，当时团结在纳兰性德周围有一批才华横溢的词人，他们兴趣相投，雅好诗词，往来酬唱，互相勉励、慰藉，有力促进了清代词学的复兴。

九微夜热星星火，误瑶窗、多少华年

——邓廷桢、林则徐的唱和词

林则徐是鸦片战争时期的禁烟英雄，但是众所周知，鸦片战争最终还是以中国失败而告终。《清史稿》林则徐的传记中有一段关于失败原因的探讨，原文是这样的："惟当时内治废弛，外情隔膜，言和言战，皆昧机宜，其祸岂能幸免哉？"这个分析还是有一定的道理，清廷当时已经腐败不堪，卖官鬻爵盛行，"内务废弛"可谓允当；由于长期的闭关锁国，西方工业革命之后，社会经济文化、政治制度等已经发生了翻天覆地的变化，而清廷官员多还沉浸在天朝大国的迷梦之中不能自拔，这就是"外情隔膜"的写实。鸦片战争爆发之后，道光皇帝战和不定错失了很多良机。正是这一系列的原因最终导致了清朝在鸦片战争中的惨败以及割地赔款的民族悲剧。

在整个鸦片战争期间，道光帝的态度始终不够明确，这个确实是清朝对战的一个致命弱点。就道光皇帝本人来说，其实是个不错的皇帝，他在位三十年，兢兢业业，勤于政治，而且生活极度简朴，据说他的御膳一般不超过四个菜，这在历朝历代都可以说是少见之举。然而他却生错了时代。当时西方各国经过工业革命的发展，政治军事上都极其强大，经济上也急需开疆拓土，寻找新的殖民地，道光皇帝想守住祖宗的基业已经很难了。

林则徐像

道光皇帝对鸦片这个东西的态度也比较暧昧，据说他本人也一度是鸦片的爱好者，民国年间雷瑨所编《蓉城闲话》中记载道光皇帝曾经也吸食鸦片成瘾，他什么时候戒掉鸦片的我们已经无从考证。但是吸食鸦片确实给中国带来了巨大的灾难，如林则徐所言"此祸不除，十年之后，不惟无可筹之饷，且无可用之兵”（《清史稿·林则徐传》）。道光十八年（1838），鸿胪寺卿黄爵滋请禁鸦片烟，道光皇帝将奏折发给大臣们讨论，结果反馈回来的信息是朝臣认为黄爵滋的建议过于激进，因此道光帝对这份奏折没有明确表态。事后不久，在清廷皇室内部发现了吸食鸦片的瘾君子，并且在京师腹地天津破获了有史以来最大的鸦片贩运案。这些事情终于让道光帝不能容忍，于1838年11月9日下诏，令林则徐进京觐见，随后，指令林则徐为钦差大臣，赴广东主持禁烟事务。

林则徐虎门销烟

在林则徐禁烟期间，两广总督邓廷桢给他极大的支援，两人在禁烟问题上志同道合。邓廷桢，字嶰筠，江苏江宁人。《清史稿》对其禁烟工作有这样的记载：

十五年，擢两广总督。鸦片烟方盛行，漏银出洋为大患。十六年，英吉利商人以趸船载烟，廷桢禁止不许进口，犹泊外洋，严旨驱逐。沿海奸民勾结，禁令猝难断绝。廷桢与提督关天培整备海防，迭于大屿山口、急水洋获蟹艇，载银巨万，尽数充赏，破获囤烟私贩。十八年，英船载属番男妇五百余人赴澳门居住，驱令回国。诏下禁烟议，疏言："法行于豪贵，则小民易从；令严于中土，则外货自绌。"十九年，林则徐奉命至广东，廷桢与之同心协力，尽获趸船积烟，焚之，严私贩之罪；临以兵威，屡战皆捷，事详《则徐传》。奸民因失业，遍腾蜚语。

在禁烟的问题上，邓廷桢与林则徐意见一致，坚决禁止，于是他们共同导演了史上最大的禁烟工作，收缴鸦片21306箱，约237万多斤。林则徐和邓廷桢在禁烟工作中结下了深情厚谊，两人还通过诗词酬唱的形式记下他们禁烟工作中志同道合的情谊。如邓廷桢的《高阳台》：

鸦度冥冥，花飞片片，春城何处青烟。膏腻铜盘，枉猜绣榻闲眠。九微夜热星星火，误瑶窗、多少华年。更那堪，一道银潢，长贷天钱。

星槎恰到牵牛渚，叹十三楼上，瞑色凄然。望断红墙，青鸾消息谁边？珊瑚网结千丝密，乍收来、万斛珠圆。指沧波，细雨归帆，明月空弦。

词的上片写吸食鸦片给国人带来的危害。起笔写“春城”中到处是吸食鸦片的景象，国人吸食鸦片，毒害了身心健康，“误瑶窗、多少华年”，词人对此一声悲叹。严迪昌先生在《清词史》中如此评述：“‘华年’句是殃民，戕害生气；‘长贷’句是祸国，耗尽财力，而这一切都在惑人的‘轻烟’、诱人的‘秀榻’前严重泛滥成大患。”点评可谓精准。下片写到禁烟斗争给英国不法商人沉重打击，“十三楼”又称作十三行夷楼，是外国人的商馆。“叹十三楼上，瞑色凄然”，写出了洋人在禁烟过程中败落的失望之情。但是接下来笔锋一转，“望断红墙，青鸾消息谁边”，禁烟能否成功，决策权在“红墙”里面，也即是道光帝的态度。从前面的故事中我们知道道光帝在禁烟过程中也是举棋不定，没有一个坚定的态度。只有他的态度靠向禁烟派这一边，禁烟才能彻底成功，反之，则这个活动迟早会以不了了之结束。林则徐读罢邓廷桢的词作之后，唱和了一首《高阳台·和嶰筠前辈韵》：

玉粟收余，金丝种后，番航别有蛮烟。双管横陈，何人对拥无眠。不知呼吸成滋味，爱挑灯、夜永如年。最堪怜，是一泥丸、损万缗钱。

春雷歘破零丁穴，笑蜃楼气尽，无复灰然。沙角台高，乱帆收向天边。浮槎漫许陪霓节，看澄波、似镜长圆。更应传，绝岛重洋，取次回舷。

严迪昌先生《清词史》云：“上片写烟祸之烈，下片唱禁绝的快意，心绪高朗，当是斗争初胜时所作。”此论确实把住了词脉。通观林则徐的词作，上片也是对国人吸食鸦片的描写，“玉粟”指罂粟花，这个东西通过西洋船只运到了中国，国人吸食上瘾，“爱挑灯、夜永如年”可见吸食鸦片泛滥成灾的景象。这种东西贻害不浅，“是一泥丸、损万缗钱”，它不仅毒害了中国人的身体，而且导致了中国大量的白银流失，据史料所言，鸦片战争之前四十年，英美鸦片贩子出入中国的鸦片约40万箱，总价约3.46亿银元，折合白银2.5亿两。祖先们积累的财富滚滚流入外国人的腰包，词人对此当然痛惜不已。词的下片，作者对禁烟还是充满信心，“笑蜃楼气尽”，可以看出他认为禁烟工作会成功，英美鸦片贩子最终是“气尽”的结果。接着，词人写陪邓廷桢一起欣赏海景，“看澄波、似镜长圆”，海面一片宁静，是一副安详的画面。

此外，邓廷桢还有一首《月华清》也是写禁烟取得初步胜利时的欢喜心情的词作，其词曰：

岛列千螺，舟横万鹢，碧天朗照无际。不到珠瀛，那识玉盘如此。划秋涛、长剑催寒，倚峭壁、短萧吹醉。前事，似元规啸咏，那时情思。

却料通明殿里，怕下界云迷，蜃楼成市。诉与瑶阊，今夕月华烟细。泛深杯、待喝蟾停。鸣画角、恐惊蛟睡。秋霁，记三人对影，不曾千里。

这首词前面还有一段词序：“中秋月夜，偕少穆、滋圃登沙角炮台绝顶晾楼，西风伶然，玉轮涌上，海天一色，极其大观，辄成此解。”根据词序和林则徐的《己亥日记》可知当时是道光十九年(1839)中秋，少穆即是林则徐，滋圃乃广东水师提督关天培，他们在当年中秋一起赴沙角炮台小饮，月出之后，同登山顶望月，邓廷桢写了这首词以纪其诗，林则徐还和了古诗《中秋嶰筠尚书招余及关滋圃军门饮沙角炮台眺月有作》一首及词《月华清·和邓嶰筠尚书沙角眺月原韵》一阕，都是记叙此次活动。林则徐广东禁烟，多倚邓廷桢和关天培之力。在当年七月份的海战中，英军没有取得进展，退回尖沙咀，这是抗英斗争取得初步胜利的时候，所以他们在中秋来到沙角炮台，心情是比较欢快的。林则徐的和词是这样填的：

穴底龙眠，沙头鸥静，镜奁开出云际。万里晴空，独喜素娥来此。认前身、金粟飘香，拼今夕、羽衣扶醉。无事，更凭栏想望，谁家秋思。

忆逐承明队里，正烛撤玉堂，月明珠市。鞅掌风驰，争比软尘风细。问烟楼、撞破何时;怪灯影、照他无睡。宵霁,念高寒玉宇,在长安里。

相较邓廷桢的词作,林的词上片写景叙实,是对炮台宴饮的描写,下片通过对承平时节的追忆、对鸦片传入中国的追问、对国人吸食鸦片的怪行、对高层统治者态度的挂念等着笔,既有批判,又有忧虑,毕竟他们的禁烟事业的进展掌握在道光皇帝手中,而这个道光皇帝的态度很不坚定,当然他希望"长安"里面的道光帝能够支持他们,取得抗英斗争的最终胜利。但是词中已经隐隐透出一丝黯淡的情绪,"《月华清·和邓嶰筠尚书沙角眺月原韵》情致不如前词(按,前词指林则徐的《高阳台·和嶰筠前辈韵》)乐观,有所期待却信心难言"(严迪昌《清词史》),对禁烟的信心不足正是因为来自统治上层的抵抗态度不够明朗。

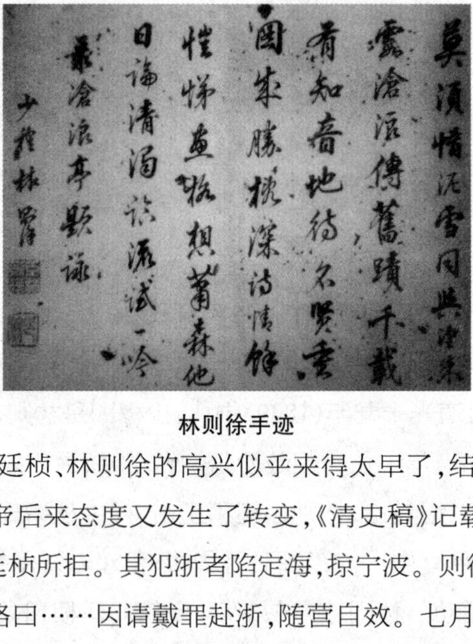

林则徐手迹

因此我们说邓廷桢、林则徐的高兴似乎来得太早了,结束得也太快了。正如前文所言,道光帝后来态度又发生了转变,《清史稿》记载:"六月,英船至厦门,为闽浙总督邓廷桢所拒。其犯浙者陷定海,掠宁波。则徐上疏自请治罪,密陈兵事不可中止,略曰……因请戴罪赴浙,随营自效。七月,义律至天津,投书总督琦善,言广东烧烟之衅,起自则徐及邓廷桢二人,索价不与,又遭诟逐,故越境呈诉。琦善据以上闻,上意始动。"摇摆不定的道光帝开始动摇了,九月份就将林则徐革职,邓廷桢的处境也好不到哪里去,"诏以廷桢等在粤办理不善,转滋事端,与林则徐同夺职"(《清史稿》),到了道光二十一年(1841),林、邓二人同时因为禁烟获罪,发配伊犁,"琦善撤沿海兵备,虎门失守,复追论廷桢久任两广,废弛营务,与则徐同戍伊犁"(《清史稿》),贬谪之后,二人仍有唱和,只是气象凄凉,读来令人不胜感慨!

周郎江左，当时同调应少

——蒋敦复的《百字令》

中国有句古话叫“同声相应，同气相求”，意为同样的声音能产生共鸣，同样的气味会相互融合，人何尝不是如此？自古以来，志同道合的人容易走到一起，结为朋友知己，很难想象一个完全没有任何朋友的人是怎么生活在这个世界上的。清代经济文化发展，给人们游历交游提供了更为广泛的支持，清代文学流派众多，这些观点不一的文学流派一般也是具有相同审美理想与爱好者的结盟。订交的文人墨客还喜欢写诗填词，鼓琴作画，记载传播他们之间的情谊，如周济、汤贻汾、蒋敦复之间的交谊即是如此。

周济是清代常州词派的重要人物，他的生平事迹《清史列传》《清史稿》等都有记载，如《清史稿》是这样载录的，说周济字保绪，荆溪人。喜欢读史书，而且酷爱看古代将帅兵略，他的骑射击刺艺也非常精妙。在嘉庆十年(1805)时高中进士。曾经有人对他说：“对策语幸无过激。”周济却不同意这样的观点，认为“始进，敢欺君乎”。后来及廷对时，纵言天下事，字逾恒格。结果以三甲归班选知县，后改就淮安府学教授。在参加学校祭祀典礼的时候，知府王毂就殿门外升舆，周济急忙上前阻止，结果得罪了知府，搞得不欢而散，周济于是引疾辞归。这年秋天冒赈之事被揭发，很多人都因为此事获罪，而周济因为先去而免了这场灾祸。当时淮南北盐枭充斥，总督孙玉庭知道周济的非凡才能，于是以防抚事委任给他。周济在任上充分展现了他的才干，结果奸民都销声匿迹。但是他认为盐务缉私是舍本逐末，靠缉私终究不能解决问题，最终辞官而去。

从这段记载我们可以看出周济其人并不是一般的只会读书的儒生，他还会武艺骑射，而且具有政治远见，曾经在稽查私盐中起到过重要作用，但是对当时的盐务体制不满，最终辞官而去。周济为人豪爽好客，他与汤贻汾的交往堪称文坛佳话。关于汤贻汾的生平，《清史稿》也有传记：“贻汾，字雨生，江苏武进人。祖大奎，官福建凤山知县，守城殉节，父荀业同死，见忠义传。贻汾少有俊才。家贫，以难荫袭世职，授守备，累擢浙江乐清协副将。历官治军捕盗有声。尚气节，工诗画，政绩文章为时重。晚辞官侨居江宁。”可知汤贻汾在当时属于“烈士”家属，并因为祖父、父亲的功劳而得到了一个军职。但是他不像一般的武人那么粗鄙，相反，他流连诗画，在文坛上颇有声望，“招邀胜侣，觞咏无虚日。名士渡江来者比诣其庐，隐然负时望”(《上江县志》)。对比周济和汤贻汾，两人有诸多共同之处，如周济习兵家言，精于骑射，汤贻汾也是精骑射，娴于韬略；周济工画，擅诗词，汤贻汾“有诗、书、画三绝之称”(金武祥《粟香随笔》)，工诗词，精通音律；周济曾经在淮河一带稽查私盐，汤贻汾亦曾经在三江稽查私盐，经历上也颇多相同之处。汤贻汾退休后，寄居江宁，他住的房子就是周济家的，据说周济分出一半房子给汤贻汾住，并作《双笠图》相赠，汤贻汾与周济结为莫逆之交。周济于道光二十年(1840)过世，汤贻汾曾经写诗悼念。周济、汤贻汾皆与蒋敦复有交谊。蒋敦复，初名尔锷。字纯甫，又字克父、子文，号剑人、丽农山人，一度为僧，号铁岸和尚。因为年幼家贫，少年时曾经流落在外多年，传说他曾经到扬州，敝衣闯入大学士阮元之弟阮枚叔的筵席，援笔赋诗，才惊四座，为阮所赏，留居数月。蒋敦复负不羁之才，以“狂”“怪”著称于世。关于蒋敦复与周济的结交，在其《芬陀利室词话》中有记载：“嘉庆末，余年童稚，始识阳湖周保绪先生于田若谷邑宰署中，蒙以奇童见称。”蒋敦复与汤贻汾的交游在其《芬陀利室词话》中也有记录：“武进汤雨生都督，客居白门，筑琴隐园于鸡笼山下，风流文采，三绝才名，照耀一时。官岭南时，作《剑人缘》传奇，闻余名，大惊，世间果有剑人缘，屡寄声，愿定交。道光甲辰，介范廉泉刺史师招住，一见倾心，出《双笠》、《孤笠》二图属题。越八年，岁壬子秋赋再见，文酒流连，与诸名士一会于琴隐园，再会于狮子窟，三会于周绮霞女郎凉秋阁。白发红颜，哀丝豪竹，江山人物之盛，今古罕逢。至明年春，公殉灵均之节，而六朝遗迹尽化劫灰矣。烟云聚散，一转瞬间，似有定数。念与公宿缘，爰为立传，文字报知己，如斯而已乎。”这是一段珍贵的文字史料，记录了词人之间的交谊情况，盖蒋敦复闻名遐迩，汤贻汾早欲与之相识，至道光甲辰(1844)，两人“一见倾心”，遂订交。咸丰壬子(1852)，蒋敦复游南京，受到汤贻汾的热情款待，至第二年春，太平军攻陷南京，汤贻汾自杀殉国，蒋敦复不胜伤感，还为其作《汤将军行略》，以文字报答知己的知遇之恩。在蒋敦复的这段词话之中，谈到了题《双笠》《孤笠》两图之事，这个事情联系着周济、汤贻汾和蒋敦复三人之间的情谊，蒋敦复有一首《百字令》即是写他们之间交情之事：

将军老去，只萧萧孤笠，西风吹早。碧水丹山盟发白，双影夕阳红小。瓢语青天，屐声黄叶，驴背添诗料。周郎江左，当时同调应少。

曾记破笠飞来，相逢海上，桐帽蕉衫好。我访石城秋色冷，尚识东南一老。画里烟霞，酒边宾客，旧梦伤怀抱。苍茫摇首，浮云衣狗如扫。

在这首词的前面，还有一段词序："雨生与宜兴周保绪相友善，保绪手作《双笠图》赠之。保绪殁，雨生乃作《孤笠图》以志痛焉。道光甲辰，余既题《孤笠图》；咸丰二年秋八月，雨翁招饮于琴隐园，复出《双笠图》嘱题。宿草在墓，墨迹如斯，此两图者，保绪不朽而雨翁高谊亦足以传矣。醉后倚大石调歌之，铁龙吹裂。"从前文的交游介绍中我们知道，汤贻汾退休后寄居南京周济家中，周济曾经作了一幅《双笠图》赠予汤贻汾，后来周济亡故之后，汤贻汾十分悲痛，复作《孤笠图》来答谢悼念周济，这两幅图画，见证了他们之间的交谊和友情。道光二十四年汤贻汾与蒋敦复订交，汤贻汾曾经拿出图画，请蒋敦复题词，八年之后，两人相遇于南京，汤贻汾再次出图，请蒋敦复题词，蒋敦复不胜感慨，作了这首《百字令》来记述他们之间的高情厚谊。

明了以上的故事之后，理解词作就比较容易了。这首《百字令》的上片主要是对周济的怀念。我们知道，周济曾经对年轻的蒋敦复赞誉有加，认为蒋乃"奇童"，蒋敦复在周济的奖掖下也获得了很高的名声，所以他从内心来说，对周济的提携也是充满感激之情的。上片起句"将军老去，只萧萧孤笠，西风吹早"，即是对周济逝世的悼念。周济虽然是以词留名于世，但是他本是有经世之才的干将，魏源的《荆溪周君保绪传》对周济的军事才能有记载："君少与同郡李君兆洛、张君琦、泾县包君世臣以经世学相切劘，兼习兵家言，习击刺骑射；至是益交江淮豪士，互较所长，尽通其术，并详训练营阵之制。……癸酉春，田君丁母忧，而河南、山东教匪叛，田君鉅野人，以母丧在家未葬，临曹县贼境，身牵官累弗克归，日夜忧泣。君慨然请代行，约四川武举任子田同往。七昼夜驰二千里至鉅野，知田君家无恙，乃往来曹、济间行行视郡邑战守之术。途遇曹州贼数百人突至，君与任子田下车，各持一枪，仆其前二人，创其党数十人，众悉遁去。"由此可知周济确实有非凡的军事才能和果断的胆识，称其为将军，即是对其军事才能的赞誉。周济与汤贻汾交游甚好，两人之间还有图画赠送往来，可惜的是周济早早谢世，"西风吹早"即是对周济谢世的追悼。接下来，词人对周济、汤贻汾订交的追叙，他们有共同的才华与爱好，都是非凡之人，并用周郎来比拟周济，谓其才华举世无双。

词的下片追叙了周济与蒋敦复自己的交谊。词中还有一行小注云“保绪客吾乡，幼时频蒙奖借”，词人对此一直抱着感恩之心。词人接着叙写了与汤贻汾的交谊，“石城”即是石头城，也即是南京，咸丰二年秋八月，蒋敦复与汤贻汾重逢于南京，“画里烟霞，酒边宾客，旧梦伤怀抱”，这句是对雨生与保绪酬唱画作的描写，看到这些遗物，只能增加怀念的伤感。最后词人感叹世事变幻，如同浮云苍狗。

词中既有对逝者的怀念、赞誉，又有对生者的酬谢，但是读来总感觉词中透露出一丝丝的凄凉情意，这或许是当年末世情怀的投射吧！

试问今谁健者，慷慨着先鞭

——王鹏运、盛昱、文廷式等人的甲午酬唱词

道光皇帝临死的时候，给他的继位者咸丰皇帝留下了一个乱摊子，于国内而言，南方太平天国运动正如火如荼地进行；于国外而言，西方列强为了继续扩大他们在中国的殖民利益，于咸丰六年(1856)挑起了第二次鸦片战争。资质一般的咸丰帝可谓倒了大霉，中国历史上最强悍的农民起义他赶上了，西方列强的船坚炮利他也摊上了，他根本无力驾驭这条正逐渐下沉的大船，并于咸丰十一年(1861)带着遗恨撒手人寰。他的独子爱新觉罗·载淳继承了皇位，时年六岁，是为同治帝。

小同治皇帝即位时，按照咸丰帝的遗愿，是由肃顺、景寿等人襄助一切政务，同时又将一部分权力分配给皇后与懿贵妃(慈禧太后)形成一种垂帘加辅政的政治模式。咸丰没有想到的是，他精心设计的政治权力分配模式还没来得及正式施行，就在他的两个后宫女主的细心谋划下，策动了辛酉政变，一举摧毁了他的遗命。此后，慈安与慈禧共同垂帘听政，一直到同治十二年(1873)正月，同治帝十七岁，两宫皇太后终于撤帘归政。但是不到两年，同治帝因为天花和梅毒齐发，不治身亡，度过了短短的十九个春秋就魂归西天了。同治帝死后，为了能继续做太后掌控实权，慈安、慈禧没有给同治帝立嗣，转而为咸丰帝立嗣，立了同治帝的堂弟爱新觉罗·载湉为皇位继承人，是为光绪帝。光绪七年(1881)，慈安病逝，此后中国大权实际上为慈禧一人掌控。

也许是权力的诱惑实在是太迷人，光绪帝逐渐长大，但是慈禧一直没有真正还政的举动。为了监控光绪帝，慈禧还强行将自己的弟弟桂祥的女儿立为光绪帝的皇后，面对这桩政治婚姻，光绪帝敢怒不敢言。为了能够掌管实际权力，在光绪帝的经营下，其周围逐渐形成了一个政治圈子，这就是人们称作为“帝党”的那些朝臣，其主要成员有光绪帝的老师翁同龢、光绪帝的爱妃珍妃的胞兄志锐以及文廷式等汉族士人。

光绪帝没有宠幸慈禧太后指派的皇后，把一腔柔情爱意都抛给了活泼可爱的珍妃，这本来就引起了慈禧的不满，加之甲午海战中，帝党和后党在主战、主和的问题上产生了极大的政治分歧，慈禧太后、李鸿章主和，光绪帝、翁同龢、志锐等主战。在甲午海战期间，志锐还曾上书直指李鸿章因循误国："我愈退则彼愈进，我益让则彼益骄，养痈遗患，以至今日。"（汤志钧《戊戌变法人物传稿》上）为了打击逐渐发展起来的帝党势力，慈禧太后首先以惑主干政、卖官鬻爵等罪名对珍妃进行了严厉惩罚，施以"褫衣廷杖"的酷刑，也即是脱了衣服直接对身体施刑，珍妃差点被打死，据说过了二十多天才逐渐恢复。与此同时，慈禧还对光绪帝党成员展开政治打击，将珍妃的哥哥志锐贬往乌里雅苏台，将曾经高中榜眼的文廷式革职逐回原籍，永不叙用，帝党势力由此遭到重创。在志锐被贬远行之际，他的好友文廷式、盛昱、沈曾植、王鹏运都有词作赠送，此中尤为值得称道的是王鹏运的《八声甘州·送伯愚都护之任乌里雅苏台》一词，写得情真意切、大义凛然：

是男儿、万里惯长征，临歧漫凄然。只榆关东去，沙虫猿鹤，莽莽烽烟。试问今谁健者？慷慨着先鞭。且袖平戎策，乘传行边。

老去惊心鼙鼓，叹无多哀乐，换了华颠。尽雄虺琐琐，呵壁问苍天。认参差、神京乔木，愿锋车、归及中兴年。休回首，算中宵月，犹照居延。

词的上片起句便显得顿挫有力，自古好男儿志在四方，横行万里等闲耳，但是这次志锐实属于被贬出京，受到的是政治上的排挤与打压，自然不平，所以接下来一句便是"临歧漫凄然"，面对好友遭受政治上的不公平待遇，词人无力挽救，不免凄然落寞。友人所去之地乃塞外边疆，苦寒萧条之地，"沙虫猿鹤，莽莽烽烟"便是写照，沙虫猿鹤本指死于战乱者所化的异物，这里指代塞外战乱纷纭的凄惨景象，莽莽烽烟则是当时内忧外患的暗示，其时甲午海战正在继续。面对这样一个国事日非的政治现实，词人对自己的友人寄予了厚望，"试问今谁健者？慷慨着先鞭"，即是对友人的赞美，他为国请命，慷慨豪迈，不料遭到了保守派的打压。结拍"且袖平戎策，乘传行边"是对友人的劝慰和勉励，"平戎策"指平定异族的政治方案策略，词人希望友人不要失去希望和信心，平戎策迟早会付诸实施。

下片起句是词人对自己颓废心理的素描，战乱频繁，年华已逝，哀乐无多，身心麻木，这对一个有政治抱负的人来说是多么残酷和悲哀！然而悲哀毕竟掩盖不了词人忧国忧民的那片赤子之心，面对宵小横行的现实，词人不禁发出了如同屈子那般“呵壁问苍天”的愤懑与呐喊。此时，词人也是盼望友人早些归来，“愿锋车、归及中兴年”即是对未来的美好想望。结拍化用了苏轼“但愿人长久，千里共婵娟”的词意，友人尽管羁旅塞外，但是他们因为共同的理想抱负而紧紧连接在一起，希望友人不要孤单，互励共勉，情深意长！如莫立民先生所言：“词写得大义凛然，既不乏对友人的关爱、劝慰和鼓励，又将自己忧虑国事的心结表露无遗，在拳拳劝慰和涓涓倾诉中传写出他的沉郁和忠挚品格。”(《近代词史》)

王鹏运画像

面对志锐被贬，帝党周围的士人纷纷援笔赋诗，互相勉励，盛昱的一首《八声甘州·送志伯愚远官乌里雅苏台》也是一时传诵之作：

蓦横吹、意外玉龙哀，乌里雅苏台。看黄沙毳幕，纵横万里，揽辔初来。莫但访碑荒碛，尔是勒铭才。直到乌梁海，蕃落重开。

六载碧山丹阙，几商量出处，拔我蒿莱。怆从今别后，万卷一身埋。约明春、自专一壑，我梦君、千骑雪皑皑。君梦我，一枝榔栗，扶上岩苔。

盛昱也是满族有名的博学之士，光绪三年(1877)进士第一名，状元及第。他为人耿直，敢于上书言事，《清史稿》说他“为讲官未半载，数言事，士论推为謇谔”，謇谔即是正直敢言之人的意思。盛昱在对外关系上，一向主张抗战自保，中法战争期间，他就曾“主速战，力陈七利，谓‘再失事机，噬脐无及’”(《清史稿》)。于光绪十五年(1889)因病隐退，甲午战争期间，一度想复出，赞助军事，谋划国家大计，但因受阻，没能如愿。面对志锐被后党打击派往边疆的丑恶现实，作为一个抗直敢言的人来说，盛昱自然不能容忍，于是写下了这首投赠之词。词的上片表达了对友人遭遇的无限同情，同时勉励友人以国家大局为重，在塞外施展他的非凡才能，保卫边疆重地。词的下片回忆了两人曾经的交谊，特别是志锐对词人的赏识，这令词人非常感动，但是友人远赴边疆，从此无人赏识自己，词人留下“万卷一身”空老地下的悲哀，最后，以别后互梦收笔，照应了他们之间的深情厚谊。晚清民国词论家况周颐《蕙风词话》曾指出：“此等词略同杜陵诗史，关系当时朝局，非寻常投赠之作可同日语。因亟箸于编。”对这首词的思想价值进行了高度评判。

江西词人文廷式，与志锐家是世交旧谊，又曾经做过珍妃的老师，在科考上也曾得到帝党翁同龢等人的支持，入仕之后，自然也是帝党的重要成员，在志锐被贬出塞之时，他也曾题《八声甘州》相赠：

响惊飙、越甲动边声，烽火照甘泉。有六韬奇策、七擒将略，欲画凌烟。一枕瞢腾短梦，梦醒却欣然。万里安西道，坐啸清边。

策马冻云阴里，谱胡笳一阕，凄断哀弦。看居庸关外，依旧草连天。更回首、淡烟乔木，问神州、今日是何年？还堪慰，男儿四十，不算华颠。

这首词的下面还有小序云：“送志伯愚侍郎乌里雅苏台参赞大臣之任，同盛伯羲祭酒、王幼霞御史、沈子培刑部作”，由此可知当时酬唱的词人还有盛昱、王鹏运、沈增植等人。词的上片起句便言战火纷飞、狼烟四起，这是当时甲午战争的真实写照。接着三句对友人志锐的文韬武略进行了赞美。但是现实却十分残酷，后党在政治势力上远优于帝党，政局急变，宛如一梦。结拍对友人进行勉励，期望他在边庭建功立业，继续报效国家。词的下片起句设想志锐在边地的情景，凄厉沉雄，荒凉险要，其中包含着词人对友人此去的担忧和关怀之情。结拍是对友人的勉励，期望他不要颓废，年华尚早，还是有建功立业、报效国家的机会。其气势和精神较王鹏运与盛昱二家词而言，要乐观奔放一些，这在国事萧条的年代更有积极意义，值得称许。

然而更值得称道的是他们之间的真挚友情，当时慈禧太后手握生杀大权，并且已经开始向帝党人物开刀，连后宫中的珍妃也难逃其祸，险些被打死，这些文士并没有因为帝党团队事业受阻而避趋而去，相反，他们写词酬唱，互相勉励，于患难之中体现了弥足珍贵的友情。

宠辱自关天下计，荣枯休论人间世

——王鹏运的《满江红·送安晓峰侍御谪戍军台》

甲午中日战争期间，李鸿章为了保存他的海军实力，竟然置民族危亡于不顾，把他苦心经营的北洋舰队藏于威海卫港口之内，实行所谓的“保船制敌为要”的消极抵抗方针。然而崛起的日本帝国决不满足于已经取得的胜利，他们步步紧逼，先是袭击了旅顺港，然后采取后路包抄的方法进攻威海卫，此时躲避在威海卫港口内的战舰遵循着李鸿章“保船”的宗旨，不出来抗战，最后陷入日军的包围之中，统帅丁汝昌战败，自杀身亡，北海舰队剩余的武器装备等被日本一齐拿下，彻底覆灭。

在甲午战争期间，李鸿章的消极抗战遭到了爱国士人的激烈抨击，甘肃的安维峻便是其中最为著名的一位。安维峻，字晓峰，甘肃秦安人，光绪元年(1875)中举，光绪六年(1880)中进士，累官至福建监察御史。甲午战争爆发后，他连上六十余疏，弹劾李鸿章卖国，并把矛头直指慈禧太后，讽刺太后干政，导致朝廷战和不定，以致屡战屡败。《清史稿》中录有其一疏，大意是说，李鸿章平日挟外洋以自重，根本不想作战，凡是有言作战者，动辄会遭到他的呵斥。李鸿章本是淮军的领导人物，他的消极避敌的思想当然被淮军将领采纳。作战过程中，往往未见敌军就先行溃退，偶见贼即惊溃。这样我国就不能激励将士，决计一战，以致俯首听命于敌人。这在安维峻看来不是议和，而是卖国求荣。因此李鸿章不但误国，而且卖国。又有人说议和出自皇太后，而实际上是太监李莲英在掌控这个事情，安维峻认为此事不可信。既然皇太后已经归政，那么如果遇到事情就进行牵制，这样上对不起祖宗，下对不起臣民。李莲英本是一个宦官，怎么能随便干政，如果真有此事，按照清朝的法律，就应该严加惩处。至于李鸿章恫吓朝臣、违抗圣旨、结党营私的举动，应该查出，明正其罪，布告天下，这样才能安慰将士、激励人心，进而保家卫国。如果不是如此，即请斩杀他安维峻妄言之罪。

疏中直指李鸿章误国卖国的罪过，建议斩杀李鸿章以谢天下，并对慈禧太后干政进行了嘲讽，认为太后既然已经归政于光绪皇帝，就不应该继续掌控朝局，否则上对不起祖宗，下对不起大臣百姓。当然安维峻的这道疏是在真正的“太岁”头上动了土，慈禧大怒，以皇帝的名义将其革职，发配张家口。安维峻因言获罪，却受到了人们极大的尊敬：“直声震中外，人多荣之。访问者萃于门，饯送者塞于道，或赠以言，或资以赆，车马饮食，众皆为供应。抵戍所，都统以下皆敬以客礼，聘主讲抡才书院。”来往相送的人不绝如缕，令人感动，就连他去了贬谪之地，也受到了人们的尊重，聘为书院教席，不让他吃苦。这些无不说明人民群众的眼睛是雪亮的，真正为国为民的人，人民会感谢他、记住他的。

在安维峻即将发配远行之际，王鹏运填了一阕《满江红·送安晓峰侍御谪戍军台》相赠，这首词是这么填的：

荷到长戈，已御尽、九关魑魅。尚记得、悲歌请剑，更阑相视。惨澹烽烟边塞月，蹉跎冰雪孤臣泪。算名成、终竟负初心，如何是？

天难问，忧无已。真御史，奇男子。只我怀抑塞，愧君欲死。宠辱自关天下计，荣枯休论人间世。愿无忘、珍惜百年身，君行矣。

词的上片起句便是对安维峻的赞美，他扛着长戈，与“九关魑魅”抗战，实际上是暗指他与后党之间的英勇抗争。接着词人回忆了安维峻慷慨直谏的事情，他们曾经孤夜商讨，互相勉励。“惨澹烽烟边塞月，蹉跎冰雪孤臣泪”，这两句是设想安维峻在边地凄苦的生活情景，他因为上书指陈时弊，受到政治迫害，才被发配边地，虚度岁月。结拍指出安维峻尽管因为直谏获得了美名，但是他们的抗争还是以失败而告终，这又该如何是好呢？

词的下片起句，词人呵问苍天，天意难测，安晓峰因言获罪，但他是“真御史，奇男子”，他所做的一切，都是为国为民的事情，而不是谋求一己之私利，所以词人对他进行了讴歌赞美。相较安维峻而言，词人自己感到惭愧，尽管自己也“抑塞”满怀，但是缺少安晓峰那样直谏的勇气，这种对比更见安的伟大。“宠辱自关天下计，荣枯休论人间世。”是词人对安维峻的劝慰和勉励，希望他对宦海沉浮保持一颗豁达的心，不要以个人的得失、成败来衡量。结拍，希望友人此去珍重，注意身体，多多保重。整首词情真意切，感人至深。

总的说来，这首词的现实针对性很强，一方面对安晓峰的行为给予了高度赞赏，另一方面对投降派的卑劣行径进行了猛烈抨击，指责权奸为“魑魅”，是他们误国误民，罪不可赦。同时勉励安不要计较个人得失，要以天下大计为重。当时慈禧太后权倾天下，掌握着生杀大权，像安维峻这样抗言获罪，很多人朝臣尽管内心抱着敬佩或者同情之心，但是面对高压的政治态势，根本不敢言声，而王鹏运却大胆赋词赠之，并对慈禧等人进行了辛辣嘲讽，确实需要胆识，词作虽小，见证的却是他们之间的深情厚谊和不屈的铮铮铁骨！钱仲联先生曾经评价此词说“这是辛弃疾、文天祥词作法乳真传，大为清代词史张目”(《清词三百首》)，可谓的论。而晚清词史意识的高涨，光、宣以降，西方列强加强了对中国的侵略，甚至连京师都一度沦陷，国内国外矛盾日益尖锐，文人士子的眼光更多地转向现实社会人生，经世救国的思潮复燃，亦化及词学领域。从根本上说，晚清词史意识是乾嘉以来今文学经世思潮对词体文学提出的新的更高要求，词人们不再把词视为艳科小道，积极发挥了词体文学反映现实记录事实的功能，词与诗一样，亦可存史。当然，这是另外一个话题，兹不赘言。

末世惊变，凄凉挽歌

曾经有历史学者说康乾盛世乃是中国封建社会的回光返照，因为到了乾嘉之际，这个中国封建社会的最后王朝，已经逐渐走向了衰微的末路，在清代文人的笔下，也逐渐染上了末世的凄凉情绪，这或许是社会在敏感文人内心的投影吧。

乾隆中后期，各地相继发生叛乱，清王朝的大厦已经渐显难支了。紧随而来的是鸦片战争、太平天国运动、甲午中日战争等等，真可谓是内忧外患，频仍不绝。词体文学又一次成为记载历史和词人心史的载体，词史说在清代中后期又一次高涨也正是因为如此。

在清人词笔之下，有对金川叛乱战争的书写，如王昶的《燕山亭》；有对政治斗争的惊悸，如陶梁的《百字令》；有对鸦片战争的叙写，如黄仁的《水龙吟》；更有对太平天国运动的伤痛，如徐汉苍的《鹧鸪天》、赵起的《喝火令》以及蒋春霖的《扬州慢》《木兰花慢》等；还有对甲午海战之后紧随而起的戊戌变法及戊戌政变的记录，如郑文焯的《月下笛》等。其实敏感的词人对社会局势的变化是能够提前感知的，如龚自珍的早期词作《桂殿秋》，早已给我们透露出凄凉压抑的感觉。这些敏感的词人为读者谱写了一曲曲凄凉的挽歌。然而，百足之虫死而不僵，何况是这样一个曾经强大一时的清王朝，在龚自珍填《桂殿秋》的百年之后，武昌起义爆发，清王朝终于徐徐落下了帷幕。

风扫危巢，两路军麾

——王昶的《燕山亭》

清代康熙至乾隆年间，因为政治相对稳定，经济持续发展，号称“康乾盛世”。然而实际上在貌似升平的表象下已经蕴藏着诸多矛盾，乾隆朝开始，清王朝已经开始走下坡路，民族矛盾、阶级矛盾等都在酝酿之中，这个辉煌的王朝正在逐渐走向衰败。乾隆十二年（1747）爆发的金川叛乱就是一个式微的信号。

金川在四川的西北部，为藏族聚居的地方，因为这里沿河的山脉上有很多金矿，所以称之为金山。这个地方交通不便，易守难攻。雍正元年（1723），清政府因莎罗奔跟随岳钟琪进藏平乱有功，授为安抚司，这就是大金川，而旧土司泽望依旧居住在小金川。莎罗奔被授予安抚司之后，势力逐渐扩大，野心也随之膨胀，于是产生了吞并小金川的想法。为了达到这个目的，他先把女儿嫁给泽望为妻，泽望比较懦弱，是个“妻管严”，很快就受制于莎罗奔的女儿。乾隆十一年（1746），莎罗奔终于开始行动，劫持了泽望和他的印信，在四川总督的干涉下，才放还了泽望。但是到了第二年，莎罗奔终于发动了酝酿已经的叛乱，叛军来势凶猛，一度打败了清廷大军。为了尽快镇压叛乱，清廷调拨平苗有功的张广泗前往平叛，派大学士讷亲前往督师，讷亲不懂打仗，却又喜欢指挥作战，故而一败涂地，张广泗和讷亲也因为兵败被处死。乾隆皇帝改派大学士傅恒平叛，傅恒采用岳钟琪的进军方略，转败为胜，而此时岳钟琪已经率军直捣莎罗奔的老巢，莎罗奔曾经追随岳钟琪进藏平叛，是岳钟琪的老部下，于是向岳求饶。此时乾隆皇帝也不想继续用兵，于是同意了莎罗奔的请求，就用这种和平的方式解决了莎罗奔的叛乱。

然而到了乾隆中期之后，莎罗奔已经垂垂老矣，他的侄子郎卡主持土司事务。此时郎卡又与小金川土司泽望联姻，郎卡的女儿嫁给了泽望的儿子，大小金川由敌对转而为姻亲，并于乾隆三十六年（1771）联合起来发动了更大的叛乱。乾隆皇帝火急之中，调大学士温福由云南赴四川督师，以尚书桂林为四川总督，兴兵讨伐大小金川的叛乱。乾隆三十七年（1772），阿桂与温福分两路大军进攻，年底合兵美诺，清军节节胜利。在这次攻打大小金川的征战之中，有一位江南才子也参与其中，他就是清代著名学者、词人王昶。王昶，字德甫，号述庵，一字兰泉，又字琴德，江苏青浦人。他看到清军胜利在望，喜不自禁，填了《燕山亭》一词：

风扫危巢，两路军麾，已向疏林并进。半载分衿，风雨相思，难约萍踪雁影。火报平安，看几夜、烽烟已净。山径。正一笑伸眉，旧愁都省。

还幸，沐雨炊风，便书檄频繁，起居犹胜。从此东华，紫诏红旗，应有家人相庆。铃索声闲，且暂免、严宵告警。寂静。好消受、残年风景。

词的上片，给读者描绘了一幅战争即将大捷的画面。“风扫危巢，两路军麾”，写出了清军的气势和军威，这样的大军已经开始向敌人的大本营进发了，不消多久，就会有“火报平安，看几夜、烽烟已净”的良好结局。烽烟也就是指战争，烽烟已净，也即是意味着战争平息，战争结束，对军民将帅来说，当然都是一件好事，所以伸眉一笑，这些愁苦都将成为过往。词的下片起句回忆当初战争的情景，“沐雨炊风”“书檄频繁”，当然这些辛苦并没有白费，它换来了叛军的败降，以及由此带来的老百姓安居乐业的生活，将士们也不再需要冒着生命危险去征战杀伐了，他们的亲人也不再为他们的生死担惊受怕，总之，如果战争一旦结束，上至帝王下至百姓，都会受益，大家互相庆祝，享受美好的未来。当然这里用了一个“残年”，显得触目惊心，这个“残”字多少意味着清代已经开始走下坡路，时代的脉搏映射到词人的心灵，敏感的词人已经意识到这个貌似强盛的王朝，已经开始有日薄西山的气象了。

往事思量成噩梦，差幸余生虎口

——陶梁的《百字令》

清代嘉庆年间，发生了一起震惊朝野的隆宗门之变。嘉庆十八年(1813)，中国北方发生了大旱灾，民不聊生，而官场依旧黑暗，敲诈勒索横行，老百姓怨声载道。天理教的林清、李文成、冯克善等人在河南道口会盟，决定举事。林清回到大兴之后，从宫内内应，也即是一名太监那里得知大内其实防守并不严密，于是决定先攻取紫禁城，然后等待李文成、冯克善的支援，认为这样就可趁机夺取京城，天下也就唾手可得，他们于是在九月十五日发动了进攻。

关于这个故事，清人昭梿在他的史料笔记《啸亭杂录》中有详细的记载，说林清本是浙江人，久居京邸，住在京南宋家庄。幼为王提督柄的弄童，曾经跟随王提督到过苗疆，颇通武艺，于是被白莲教推尊为法祖。林清身长面黑，胡须像个刺猬一样，但是自诩智谋过人，实际上是个笨蛋。因掌管白莲教，积蓄了很多财产，于是有了不轨之志。当时大内太监多是河间诸县的人，有刘金、刘得才等，他们家里也一直信奉邪教。后来选入禁中，与茶房太监杨进忠等传教，羽翼越来越多，并且与林清有交接。其中杨进忠面目凶险，于是以铸军器为己任，偷偷地在宣武门铁市中打造了几百把刀枪。此时林清也邀结了党羽数千，其中祝现、屈五、刘第五、刘呈祥、支进财、陈爽、李五等为首领，于是与刘进财等暗自谋逆，于九月十五日午时入禁城起事。另外有汉军曹伦，是侍郎曹瑛的后代，家里也一直贫穷，曾经得到过林清的帮助，也加入贼党。因为在京城供职，于是命其子曹福昌勾连不轨之徒，作为城中内应。到了十五日中午，太监刘得财引祝现等由东华门进入，不巧与卖煤的发生争执，把刀刃露了出来，被巡查的官兵发现，战斗由是爆发。贼党陈爽等十数人闯入禁内，遇到礼部侍郎觉罗公宝兴，贼人舞刀而入，白光灿然，罗公踉跄奔入。当时由参领起家的署护军统领为杨述曾，率数护军与贼党交锋，杀了数贼于协和门下，而官兵受伤者也很多。宝侍郎于是命掩景运门，进去禀告皇次子。皇次子从容布置，命手下人携鸟枪入，并命令关闭四门，派官兵进入捕贼。而后贼党由门外诸廊房得翻墙进入大内，皇次子在养心殿阶下用鸟枪击毙两个，贝勒绵志也赶了进来，与皇次子一起捕贼。又有两人潜入内膳房屋中，被众内监击杀了。

当然由于立场的不同，在昭梿的笔下，这些起义的农民都是"贼子"。在这个故事中我们看到二皇子也即是后来的道光皇帝在登基之前还是一名沉稳勇敢的王子。由于事关清皇室安危，所以这个事情在当时影响犹大，很多文人墨客都有记录，他们或作诗，或填词，或用散文笔记的形式进行了载录，如陶梁的《百字令》就是如此：

刀光如雪，镇惊魂、一霎头颅依旧。密馆校书，刚日午、猝遇跳梁小丑。义胆同拚，凶锋正锐，血溅斗争守。狼奔豕突，半空霹雳惊走。

更遣飞骑讹传，款关谍报，匪党还交构。往事思量成噩梦，差幸余生虎口。净扫欃枪，肃清辇毂，功大谁称首。神枪无敌，当今神武天授。

据丁绍仪《听秋声馆词话》所述："长洲陶凫芗宗伯梁则举生平境遇，自系以词。寓编年纪事于协律中，实为词家创格。今《红豆树馆词》五六两卷是也。其记嘉庆癸酉，逆贼林清遣其党陈爽、陈文魁，潜结太监阎进喜等，突入大内滋事。《百字令》云……时宗伯以编修在文颖馆编校《全唐文》，贼持刀入，供事倪大铨、苏涛、戴杰暨茶房李得均被戕，家人骆升徒手格斗，贼砍其五指去。仁宗方狩木兰，仓猝间禁兵未集，宣宗留守大内，发枪毙贼，贼始惊。又值雷雨交作，遂遁，巨魁旋即授首。宗伯词作于道光中，故有'当今天授'句。昔人称少陵韵语为诗史，此词正可作词史读也。"根据这则词话，我们可以指代陶梁其时也经历了这次险些发生的政变事件，他当时以编修在文颖馆编校《全唐文》，结果遭遇这次事件，他的几个同事都惨遭屠戮，他幸得家人骆升的帮助，才幸免于难。

知道了以上的故事背景，我们就好理解这首词了。词的上片起句就写出了当时"贼人"入侵时险象环生的场景，"刀光如雪"，对一个文弱书生来说，确实够恐怖的了，所以说"惊魂""一霎"，估计他这时都快吓破胆了。幸运的是，自己的头颅还长在脖子上。接下来"密馆校书，刚日午、猝遇跳梁小丑"即是叙述当日的事情，这些编修正在校书，不巧赶上了这场灾祸，"跳梁小丑"是他站在封建地主官僚阶层的立场所言。词的后文极写当时宫内诸人同"贼人"搏斗的英勇场景。词的下片先对匪党交构进行了批评，接着便是对自己虎口脱险的庆幸，“往事思量成噩梦，差幸余生虎口”，这段往事现在回想起来如同噩梦一般，幸运的是自己保住了性命。最后是对道光皇帝的赞美。根据丁绍仪的词话，我们知道这首词是填写于道光登基之后，“神枪无敌，当今神武天授”，尽管道光皇帝在当时确实沉稳应敌，但是这句读起来多少有点拍马屁的味道。当然，生活在那个王权至上的时代，我们也不必过分苛求古人了。

金戈铁甲，云车风马

——黄仁的《水龙吟》

当西方各国开始工业革命的时候，清王朝还沉浸在天朝大国的迷梦之中，长期的闭关锁国让这头东方的雄狮沉沉睡去，直到西方列强的坚船利炮轰开国门时，它才逐渐苏醒。

英国是率先完成工业革命的西方大国，经过几百年的原始积累，英国的资产阶级已经牢牢地掌控了英国的经济命脉、国家政策、舆论宣传等。随着第一次工业革命的完成，国家综合实力的增强，资产阶级的征服欲望、贪婪欲望不断地膨胀，他们迫切需要大量的资源、金钱、土地，而国内狭小的地理环境条件，人口基数偏少，工农业比例的不平衡，国内市场经济的局限性，这一切都刺激着统治者的神经，他们需要对外扩张，占领新的土地，来满足自身的需要。此时，放眼世界，只有亚洲东部这一块神秘的国土还没有被人染指，马可·波罗游记里描绘的天堂还没有被征服。而此时在中英贸易上，由于中国的自然经济模式，不需要英国的外来商品，为了扭转贸易局势，打开中国市场，经过多年的探索，他们找到了一种特殊的商品，也就是鸦片这种吸上就戒不掉的毒品。于是英国源源不断地向中国输入鸦片，以此来达到打开中国门户、变中国为殖民地的罪恶目的。鸦片贸易不仅残害中国人民的身心健康，而且使清政府大量白银外流，英国则在鸦片贸易中让英国人获得了暴利。这一切无不引起了清廷内部有识之士的担心，禁烟刻不容缓。1838年底，清朝道光帝颁布禁烟令，并派钦差大臣湖广总督林则徐前往广州负责执行。林则徐抵达广州后，勒令外国烟贩交出所有鸦片，并承诺不要再贩卖，并将大部分法律上属于英国人的鸦片库存全部销毁，这就是历史上有名的虎门销烟。英国人早就等待着进攻中国的机会，林则徐的禁烟，给他们找到了进攻中国的最佳借口，于是鸦片战争爆发了。

陈化成血战吴淞口

在鸦片战争中，中华民族涌现出了无数誓死抗敌的英勇健儿，他们在保卫国家、抵抗侵略中立下了汗马功劳，有的甚至为国捐躯，英雄牺牲，陈化成就是其中的一名。关于陈化成的出身经历，《清史稿》是这么介绍的："陈化成，字莲峰，福建同安人。由行伍授水师把总。嘉庆中，从提督李长庚击蔡牵，数有功，以勇闻。累擢烽火门参将。总督董教增荐其久历闽、粤水师，手擒巨盗四百八十余人，勤劳最著，请补澎湖副将，以籍隶本省，格不行。迁瑞安协副将。道光元年，乃调澎湖。历碣石、金门两镇总兵。十年，擢福建水师提督。十二年，英吉利船驶入闽、浙、江南、山东洋面，命化成督师巡逻，以备不虞。"可见他是出身社会底层，因为英勇有为，屡建战功，所以才逐步提拔上来的。道光二十年(1840)，英军进犯福建，陈化成率军抵抗，英军不得已退去。然而在道光二十二年的吴淞之战中，因为火力不济，中国军方战败，"敌攻坏土塘，由小沙背登岸，徐州兵先奔，东台亦溃，萃攻西台，部将守备韦印福，千总钱金玉、许攀桂，外委徐大华等皆战死。尸积于前，化成犹掬子药亲发炮，俄中弹，喷血而殒。炮台既失，宝山、山海相继陷。越八日，乡民始负其尸出，殓於嘉定"(《清史稿》)。一代名将就这样葬身英军炮口，令人扼腕。在当时，有一位叫黄仁的官员，听到这个消息后，曾经填了一首《水龙吟》来纪念这位伟大的民族英雄：

海天独障狂澜。鸢飞欲堕愁无际。鼍梁乍驾，鹤轩何处，沙虫争避。大树思公，长城坏我，石衔填未。把纯钩欲试，唾壶频击，挥难尽，英雄泪。

毕竟将军不死。跨长鲸、敌魂犹悸。金戈铁甲，云车风马，雷霆精锐。豹苦留皮，鸡羞断尾，有如江水。报馨香俎豆，泖峰同寿，壮乾坤气。

词的上片起句“海天独障狂澜”，营造了陈化成的英雄形象，他独障狂澜的英雄气势跃然而出。接下来“鸢飞欲堕愁无际”，指出正是因为有陈化成这样的英雄人物，才使得西洋列强不能很快打开中国的国门。“鼍梁乍驾，鹤轩何处，沙虫争避”，写英军进犯时的情景，鹤轩，亦作“鹤乘轩”“乘轩鹤”。这个典故来自《左传·闵公二年》：“冬十二月，狄人伐卫。卫懿公好鹤，鹤有称轩者，将战，国人受甲者皆曰：‘使鹤，鹤实有禄位，余焉能战！’”轩，古代供大夫以上官员乘坐的一种轻便车驾。后以“鹤轩”比喻侥幸得到禄位，这里喻指临阵脱逃的两江总督牛鉴。接下来词人表达了对陈化成的思念凭吊之情，“长城坏我，石衔填未”，表现了对陈化成屈死炮台的愤激之情，因为牛鉴的临阵脱逃才使得军心涣散，贻误战机，陈化成才会多方受敌，以致战死疆场。这些无不令词人悲上心来，怒满心头，甚至“把纯钩欲试，唾壶频击”，一篇慷慨激昂之情。词的下片起于想象，陈化成魂魄不散，他“跨长鲸、敌魂犹悸”，让敌军胆战心惊。他金戈铁甲，冲锋陷阵，如雷霆万钧之势，让敌人闻风丧胆。接下来用“豹苦留皮，鸡羞断尾”，进行对比，豹苦留皮本为豹死留皮，意为留芳名于后世，而像牛鉴那样的小人也必将遗臭万年。最后用“馨香俎豆”表达了对英雄人物的崇拜敬仰之情，他们必将如“泖峰”一样，山河同寿。整首词写得慷慨激昂，表达了对爱国将领的崇敬之情，以及对卖国求荣的无耻小人的鄙夷。

今天回顾这段故事和词作，依然具有很深刻的教育意义和现实意义。如当代学者莫立民所言：“他们在鸦片国难时期所填的慷慨之音、悲愤之词，他们在词作中展示的那种我以我血荐轩辕的血性和勇气，无疑地彰显了我中华民族的力量和生机。同时，他们也和其他忧愤时局的热血词人一道，共同谱写了民族危亡时期感时伤怀的多音齐鸣的幽愤心曲。以此，晚清词史多了一幅堪称词史的历史画卷，晚清词史也增添了几多美学意蕴和警示、启迪国人的历史厚重和心酸感。”词在这些忧国忧民作家的笔下，不再是浅斟低唱的艳歌，而是慷慨激烈的热血悲歌，激励着中华儿女不断前行！

此生欲问光明殿，知隔朱扃几万重

——龚自珍的《桂殿秋》

晚近诗人冒鹤亭有一首《太清遗事诗》是这样写的："太平湖畔太平街，南谷春深葬夜来。人是倾城姓倾国，丁香花发一低徊。"著名学者孟森在《心史丛刊》中是这样解说的，第一句是说顾太清的生地，第二句是说她的葬地，第三句言其倾国倾城的美貌，而最后一句是在当时掀起轩然大波的一桩公案，这个公案也就是著名的"丁香花案"，即是顾太清与龚自珍的私情绯闻案。

顾太清本姓西林觉罗氏，满洲镶蓝旗人，祖父鄂昌曾经做到甘肃巡抚等职，后卷进胡中藻《坚磨生诗钞》文字狱案中，被乾隆皇帝赐死，从此家族败落。父亲鄂实峰以游幕为生，娶妻香山富察氏，生太清等。太清本名春，字子春，又字梅仙，号太清，别号云槎外史，其本名为西林春（卢兴基《顾太清词新释辑评·前言》）。顾太清二十六岁时嫁给乾隆皇帝的孙子奕绘贝勒为侧室，夫妻感情和睦，交相唱和，为人们所称羡。奕绘贝勒与顾太清同年所生，道光十八年（1838）卒，此间两人夫妻恩爱，过了一段美满幸福的生活，然而奕绘贝勒死后，顾太清的生活急转直下，甚至被奕绘贝勒家族驱逐出门，据说其中一个重要的原因就是她和清代大诗人龚自珍的婚外情。龚自珍字璱人，号定庵，后更名易简，字伯定，又更名巩祚，号定庵，浙江仁和人。道光九年（1829）进士，官礼部主事，是清代著名的诗人和学者。

龚自珍卷入顾太清的婚外情案件中，缘于他的《己亥杂诗》中一首诗歌：

空山徙倚倦游身，梦见城西阆苑春。
一骑传笺朱邸晚，临风递与缟衣人。

龚自珍雕塑

在这首诗歌中诗人还有自注云“忆宣武门内太平湖之丁香花”，因为诗句中有“城西阆苑春”“朱邸”等，恰好这年龚自珍仓皇离京，此时顾氏也被奕绘贝勒家族驱逐。因此被人附会，说因为龚自珍与顾太清有染，“缟衣人”便是顾太清。此外，龚自珍的词作中也多绮丽之语，好事者亦多附会乃是写与顾太清情事之作，如其《桂殿秋》两首：

其一

明月外，净红尘，蓬莱幽窅四无邻。九霄一脉银河水，流过红墙不见人。

其二

惊觉后，月华浓，天风已度五更钟。此生欲问光明殿，知隔朱扃几万重。

此词原作有序言：“六月九日夜，梦至一区，云廊木秀，水殿荷香，风烟郁深，金碧嵯丽。时也方夜，月光吞吐，在百步外，荡瀣气之空濛，都为一碧；散清景而离合，不知几重？一人告予：此光明殿也。醒而忆之，为赋两解。”有好事者不辨真假，随即附会，说这两首词就是他们两人暧昧不清的“铁证”，这其实是胡言乱语。

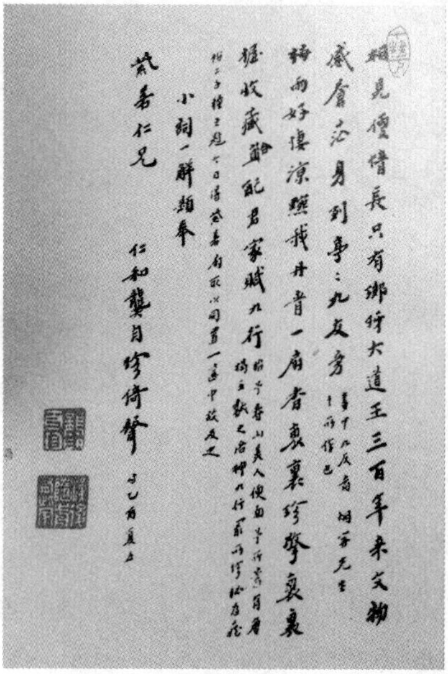
龚自珍手迹

据当代学者郭延礼《龚自珍年谱》，这两首词的编年为嘉庆十五年(1810)，当时龚自珍只有十九岁，距离龚自珍己亥年(1839)离京近二十年，由此可见，坊间对此词的阐释纯属附会之辞。

我们再来分析这两首词。第一首，主要是写景，明月在天，四处无尘，蓬莱幽眇，银河如水，是一片清净而缥缈的景象；第二首，写梦后情景，特别是“此生欲问光明殿，知隔朱扃几万重”两句，表明青年作者对理想的不懈追求，哪怕阻隔万重“朱扃”。然而在这种大胆的理想追求之中，却又透露出一些凄迷怅惘失落的情绪，如四野的静寂、自身的孤独、迷离的梦境等，都在营造这一氛围。这其实是晚清末世情绪在词人笔下的投影罢了，敏感聪明的诗人，尽管在蓬勃向上的青年时期，其实也隐隐感觉到了他后来在《己亥杂诗》中所描述的那种压抑的氛围：

九州生气恃风雷，万马齐喑究可哀。
我劝天公重抖擞，不拘一格降人才。

当然这首诗中的呐喊，是诗人经历了近二十年的上下求索之后，才真正体会到而迸发出来的罢了！

香已烬，酒难沽。楼台遗恨变丘墟

——徐汉苍的《鹧鸪天》

鸦片战争，清廷战败，只好任人宰割，割地赔款，开放通商口岸，协定关税等一系列不平等条约，加速了中国国内的矛盾。首先，清政府为支付巨额赔款，加紧搜刮人民，使人民负担加重，很多破产农民和手工业者被迫铤而走险聚众戕官，抗捐抗税的事件频频发生；而鸦片战争后鸦片走私更加猖獗，白银外流加速，银价激涨；洋货大批涌入东南各省，手工业者纷纷破产；严重的自然灾害也是加速矛盾进程的一个重要原因，从1846至1850年两广地区水灾旱灾虫灾不断，广大劳动人民陷于死亡和饥饿边缘。终于，有人举起了反抗的旗帜，这就是屡试不中的洪秀全，他于道光三十年（1850）十二月初十，在灾害严重的广西金田村发动起义，建号太平天国，拉开了武装斗争的序幕。

率先带兵与太平军作战并有力遏制洪秀全部队的清军将领即是江忠源，他字岷樵，湖南新宁人。道光十七年（1837）举人，生平事迹《清史稿》《清史列传》皆有载录，他在家乡创建的"楚勇"，即是后来湘军的前身，他本人跟曾国藩的关系也非常要好，咸丰皇帝登基之后，诏令大臣推荐人才，曾国藩就推荐了江忠源，但是不巧他父亲过世，丁忧而归。江忠源读的是圣贤书，受到的是封建士大夫的正统教育，所以太平军起义后，他是站在清廷立场上的，并且与太平军展开了殊死之战，当然他也有关心民瘼的精神。清代后期，官场腐败，民不聊生，他也是深有感触，在他的一首诗中，曾经这样写道：

哀此贫氓力耕种，年丰仅足偿什一。
今年不复望有年，坐令沟壑填白骨。
但见富人百无忧，谁怜贫者为饥出。
贫人一旦为饥驱，富人岂得安其室。

由这首诗我们可以看出，他也同情下层民众，对他们生不如死的艰难处境抱有同情之心，并且隐约感觉到如果这样的状况持续发展，一旦老百姓揭竿而起，富人将不堪其苦，“贫人一旦为饥驱，富人岂得安其室”，可谓一针见血地指出了当时的隐患，可惜的是他当时没有什么名位，凭他个人的力量，也不能挽救这个即将颠覆的大厦。果不其然，在两广大旱之际，终于有人冒死造反，这就是洪秀全的太平军，江忠源奉命与太平军作战，极其骁勇，此《清史稿》有记载：

> 咸丰元年，大学士赛尚阿督师剿粤匪，调赴军前，副都统乌兰泰深倚重，事必谘而行。忠源招旧所练乡兵五百人，使弟忠浚率以往，号“楚勇”。贼氛方炽，官兵莫撄其锋。忠源勇始至，偪贼而垒。贼轻其少，且新集，急犯之。坚壁不出，逼近始驰突，斩级数百，一军皆惊。累功赐花翎，擢同知直隶州。

从中可以看出江忠源和他楚勇军队的作战英勇的事迹，江忠源也正是在这个平定太平天国的战争中因为作战勇猛而频繁升迁，然而清王朝军队的腐败，不是出一个江忠源就能救治得了的。在后来的庐州(今合肥)保卫战中，江忠源终于英勇殉国：“贼已陷黄州、汉阳，围武昌。沿江击贼，败之，武昌解严。疏请增兵万人，当淮南一路，而湖北留其兵不尽遣，仅率兵二千冒雨行。将士疲顿，忠源亦遘疾。至六安，贼已陷桐城、舒城。吏民遮留，不可，留千人守六安，舁疾抵庐州。部署未定，贼已大至。城中合援兵团勇仅三千人，忠源力疾守陴，迭挫扑城之贼。地道轰城屡圮，皆奋击却之。诏嘉忠源力保危城，躬驰战阵，赐号霍隆武巴图鲁。时陕甘总督舒兴阿兵万余，畏葸不进。忠源弟忠濬偕刘长佑来援，驻城外五里墩，阻不得前。被围月余，庐州知府胡元炜阴通贼，

太平天国运动

贼知城中食乏，军火将尽，攻益急。水西门圮，且战且修筑。贼突自南门缘梯入，忠源掣刀自刎。左右持之，一仆负之行，忠源奋脱。转战至水闸桥，身受七创，投古塘死之。布政使刘裕珍，池州知府陈源兖，同知邹汉勋、胡子雝，县丞兴福、艾延辉，副将松安，参将马良、戴文渊，同时殉难。胡元炜竟降贼。忠濬募人求其尸。后八日，部卒周昌迹得之，负出，面如生。”（《清史稿》）

这场战争，以清军的失败而告终，江忠源作战勇猛，兵败不屈而自杀，受到了咸丰皇帝的嘉奖。庐州保卫战的惨烈，也触动了诸多文人士大夫的神经，一位合肥籍的词人徐汉苍就曾经在他的词中写出了当时的情状，这首词名为《鹧鸪天》，是这样填的：

卧病空山日未晡，三春心绪总模糊。梦中乔木都非故，燕子何尝识旧庐？

香已烬，酒难沽。楼台遗恨变丘墟。曾邀开府亲筹策，晞发衰翁痛不如。

清代词学家杜文澜在《憩园词话》卷四中对这首词的故事是这样记载的：“徐君荔庵，名汉苍，安徽合肥诗人也。亦爱词，有《碧琅玕馆诗馀》。殁后，恩竹樵方伯刻其稿，余为校刊。荔庵老年笃学申韩，历名皖中院司幕府。咸丰癸丑十二月，随皖抚江忠烈御粤寇，守庐州。十七日侵晓，城陷，忠烈公投御甲坝薨，荔庵亦被重创，卧伤九十余日得愈。有《鹧鸪天》词云云，即咏失城事也。所作不拘声律，为诗人之词，而老健清空，尚多佳句，备存集中。”根据杜氏词话可知，这首词的作者徐汉苍曾经追随江忠源一起镇压太平军起义，并亲自参与过庐州保卫战，江忠源战败自杀，而徐汉苍也受了重伤，将养了三个月才逐渐恢复，这首《鹧鸪天》即是写的当时清军失城惨败的事。明白了以上关于这首词作的本事之后，我们就容易理解这首词了。

词的上片写词人养伤时的伤感心情，“日未晡”即是时间尚未到申时（下午三点到五点），“三春”即是农历正月、二月、三月，分别称孟春、仲春、季春，词人没有心绪玩赏春景，原因在哪里呢？“梦中乔木都非故，燕子何尝识旧庐”，这一句就是答案。在激烈的战斗之后，清军战败，太平军攻克了庐州，城池易主。那时战火纷飞，树摧房垮，一片惨不忍睹的景象，战后，连燕子恐怕都找不到旧巢了。总的说来，战争摧毁了一切，令词人不甚伤感，这也是他无心赏春的内在原因。

词的下片叙写词人的哀痛之情。“香已烬，酒难沽。楼台遗恨变丘墟”，战争的烟云虽然已经消去，但是它的遗迹尚在，楼台轩榭，成为一片废墟，诉说着战争的残酷，结拍则表达了对战事不利的内疚悔恨之情。

因为立场的不同，所以对太平天国战争的态度也不一样。但是这首词确实记载了太平天国战争初期的一段血与火的故事，可以当作词史来读。

几载疮痍未复，浩劫又红羊

——赵起的《喝火令》

晚清是一个乱世，内部农民起义不断，外面还有世界列强的殖民活动，真可谓是内外交患。很多词人把这时的社会现状与作家的思想感情熔铸到一起，用词作反映出来。如赵起（1794—1860）的《药园词稿》对当时的社会现实就多用纪实性表现。丁绍仪的《听秋声馆词话》、谢章铤的《赌棋山庄词话》、缪荃孙的《常州词录》对其词多有著录、品评，认为其“多纪寇乱之篇”，“颇足针顽砭俗”。从赵起的词作来看，确实如此，如其《喝火令》云：

铁甕严更月，红桥静夜霜。数交阳九颇仓皇。几载疮痍未复，浩劫又红羊。

忠悃神应鉴，雄师力可降。幺魔肆毒狠如狼。谁养群奸，谁使尽披猖。谁使藩篱自撤，楚汉达吴江。

词写太平天国动乱之事。当然由于受作者阶级立场的局限，其是站在统治阶层的角度对太平天国起义进行评价的，据《听秋声馆词话》记载云，赵起于“咸丰十年佐团练事，贼踪近，大吏已遁，犹力守不懈。城陷，一门七十馀口投所居约园池中死”。词人亲自参与了镇压太平军的事情，并在词作中多有反映，此词直面当时的“国难”，而不再流连于歌儿舞女、悲欢离合，亦没有“流连景光，剖析宫调”，而是大胆反映社会现实，直面现实人生。难怪谢章铤对词作评价颇高：“予尝谓词与诗同体，粤乱以来，作诗者多，而词颇少见。是当以杜之《北征》诸将陈陶斜，白之《秦中吟》之法运入减偷，则诗史之外，蔚为词史，不亦词场之大观欤。”认为其记录现实、反映社会人生的深广度与杜甫的诗歌一样，“蔚为词史”。鸦片战争前后的重大历史事件，在当时的词作中多有反应，充分说明“词亦有史”的观点已经深入人心。

劫灰到处,便司空见惯都惊

——蒋春霖的太平天国词史

历史的轮回往往令人惊叹,明清易代的时候,一大批汉族知识分子乃至普通百姓都选择了抵抗,扬州十日、嘉定三屠,都是江南士人热血抗争的历史记忆,我们今天读来,依然唏嘘感叹。可是生活在清王朝的士人,却慢慢淡忘了这一切。当洪秀全的太平军崛起之时,便受到了很多汉族士人的抵制,如前面我们提到的江忠源、曾国藩,他们作为清廷的官员,站在统治者的角度来说,抵制镇压太平军还是可以理解的。然而,那些身处下层的知识分子也是自觉站队到清廷一边,对太平军充满了敌视与仇恨,看来他们对清王朝的认同与支持已经深入骨髓了。蒋春霖便是其中的一员。

蒋春霖,字鹿潭,江苏江阴人。他天资聪颖,读书过人。据说他在道光七年(1827)随父亲到湖北荆门知州任所,曾经登黄鹤楼当筵赋诗,老宿敛手,一时有"乳虎"之目。后来其父亲去世,家道中落。奉母游京师,但是不得志,为了谋生,于咸丰元年(1851)到两淮做了盐官,当然这并不是他的理想人生。

就在这个时候,爆发了洪秀全领导的太平天国农民起义。起义军于道光三十年农历十二月初十(1851年1月11日)在广西金田村正式宣布起义,建号太平天国,并形成了以天王洪秀全、东王杨秀清、西王萧朝贵、南王冯云山、北王韦昌辉、翼王石达开为核心的领导集团。起义军经过两年的浴血奋战,于咸丰二年十二月(1853年1月)攻占长江中游重镇武昌,随后顺江东下。咸丰三年(1853)春,太平军攻下南京,并建都于此,展开了与清廷的殊死战斗。是年冬,太平军与清军在扬州展开了一场血战,最后太平军撤离扬州,清军夺回扬州,这件史事在清人杜文澜的《平定粤寇纪略》里面有详细的记载。于此,蒋春霖有一首《扬州慢》谈到了这段史事:

野幕巢乌,旗门噪鹊,谯楼吹断笳声。过沧桑一霎,又旧日芜城。

怕双雁归来恨晚，斜阳颓阁，不忍重登。但红桥风雨，梅花开落空营。

劫灰到处，便司空见惯都惊。问障扇遮尘，围棋赌墅，可奈苍生？月黑流萤何处？西风黯、鬼火星星。更伤心南望，隔江无数峰青。

原作下面还有题序云："癸丑十一月二十七日，贼趋京口，报官军收扬州。"题序为癸丑十一月，这首词作于咸丰三年（1853）秋冬之际。从其措辞来看，称呼太平军为"贼"，很显然，他是站在清廷统治者的立场来看待太平天国起义的。词的上片，起笔便是一片凄凉萧瑟的场景，特别是那如泣如诉的笳声，正诉说着战争的残酷与悲壮。"过沧桑一霎，又旧日芜城"，此句谓时光荏苒，沧桑变幻，扬州城再一次生灵涂炭，变成了"芜城"。扬州自古兵家必争之地，南朝宋竟陵王刘诞造反，扬州遭受兵火之灾，变成一座荒芜的城市，当时诗人鲍照有《芜城赋》，书写其见到的凄凉景象。明清易代之际，扬州也曾遭受兵火，清军在扬州屠城十日，也是惨不忍睹。扬州城经过百年发展，终于慢慢恢复了其繁盛发展的局面，哪里知道又一次成为兵火交加的地方呢。面对这样残破的场景，"斜阳颓阁，不忍重登"，可见词人对此是一片伤悼的情怀。扬州有著名的"红桥"，曾经王士禛等人还在这里写诗填词，为一时人文之盛，可是现在在战火的摧残下，人去桥孤，梅花也没有人欣赏，自开自落，是一副颓败的景象。

鹿潭蒋先生随狙拾橡图

词的下片，起笔"劫灰到处，便司空见惯都惊"，太平天国的战乱，把这座繁华的城市摧毁得不成样子，哪怕是“司空见惯”，也会感到震惊，极言战争破坏的严重性。“问障扇遮尘，围棋赌墅，可奈苍生”三句，是对清廷腐败无能的批评，经过百年历程，清朝八旗军早已失去了战斗力，成为寄生虫，不能及时镇压叛乱，以致生灵涂炭，民不聊生，词人对“苍生”还是抱着同情之心的。接下来，又是对扬州景象的描写，流萤乱飞，鬼火点点，一片凄凉恐怖的景象。结拍，山河依旧，可是国事萧条，徒然令人伤心一片。这首词通过赋笔铺陈的手法，描写了太平军战火之后扬州惨不忍睹的景象，具有词史意义。

其实不仅扬州在战火的摧残下变成芜城，在词人眼中，被太平军攻占的南京也是一片凄迷的景象。词人有一首《木兰花慢》，便是对战火交加之中南京景象的记录：

破惊涛一叶，看千里、阵图开。正铁锁横江，长旗树垒，半壁尘埃。秦淮。几星磷火，错惊疑、灯影旧楼台。落日征帆黯黯，沈江戍鼓哀哀。

安排。多少清才。弓挂树，字《磨崖》。甚绕雀寒枝，闻鸡晓色，岁月无涯。云埋蒋山自碧，打空城只有夜潮来。谁倚莫愁艇子，一川烟雨徘徊。

这首词也有题序，其云：“甲寅四月，客有自金陵来者，感赋此阕。”题序中云“甲寅四月”，则这首词应该作于咸丰四年(1854)暮春。当时词人还在富安做盐官，有人从南京太平天国的统治下逃了出来，此时的南京，正在进行争夺拉锯战，曾国藩的湘军，琦善的军队，包围了南京，战火纷飞，给老百姓带来了无穷的灾难。词的上片，写两军对垒的战争景象。起笔从“客”的角度出发，这个从南京逃脱出来的人应当是坐着船死里逃生的，他在船上，看到清军与太平军两军对峙，“铁锁横江，长旗树垒，半壁尘埃”即是对战事的描写，在词人看来，这场旷日持久的战争，把繁华富庶的南京变成了一座鬼城，到处磷火飘飞，如果不知道这是鬼火，还会误以为是秦淮河畔楼台里面的灯火呢。“落日征帆黯黯，沈江戍鼓哀哀”，则是对战争气氛的进一步渲染，战船横江，戍鼓声声，战争还在继续。

词的下片紧承上片，一方面战事没完没了，另一方面书生有志报国，却恨无用武之地。“甚绕雀寒枝，闻鸡晓色，岁月无涯”，连用两个典故，其一是曹操《短歌行》中的“乌鹊南飞，绕树三匝”这个典故，借喻贤才找到托身之处，以便发挥自己的才能；其二是祖狄闻鸡起舞的典故，传说东晋时期将领祖逖年轻时就很有抱负，为了报效国家，他在半夜一听到鸡叫，就起床练武，刻苦锻炼。词人以此自比，可是朝廷却没有招贤纳士的意思，这些空有才华和报国热情的士人在无涯的岁月中打发有限的光阴，着实令人叹息。因为朝廷用人不当，而有才之人偏偏又得不到重用，所以才有“云埋蒋山自碧，打空城只有夜潮来”的哀叹，这两句分别化用了元人萨都剌的《满江红·金陵怀古》中的“玉树歌残秋露冷，胭脂井坏寒螀泣。到如今、只有蒋山青，秦淮碧”，以及唐人刘禹锡《石头城》中的“山围故国周遭在，潮打空城寂寞回”两个典故，陈后主荒淫无耻，最终亡国，东吴孙权苦心经营石头城，最后他的子孙还是被西晋灭亡。词人连用这些典故，既是对清廷不用才人的愤懑，也是对南京残破荒凉的哀悼。结拍，“谁倚莫愁艇子，一川烟雨徘徊”，是词人一片凄迷心情的写照，词人虽然没有亲临南京战场，但是通过别人的讲述，他也感觉到南京是一片凄迷朦胧的惨景。后来，词人又遇见了一名从南京逃离出来的歌妓，在他的一首《虞美人》词序中，词人是这样表述的：“金陵失，秦淮女子高蕊，陷贼中数月。今春见于东陶，愁蛾蓬鬓，不似旧时矣。”秦淮河畔自古是烟花之地，高蕊想必是一名曾经秦淮河畔的歌妓，她曾经在南京沦陷时滞留下来，后来也逃脱出来，词人此前与其有过交会，但是此时重逢，她“愁蛾蓬鬓”，已经不是旧时模样了。词人通过歌妓的遭际，来书写兴亡之感，词是这样填的：

风前忽堕惊飞燕。鬓影春云乱。而今翻说羡杨花。纵解飘零犹不到天涯。

琵琶声咽玲珑玉。愁损歌眉绿。酒边休唱《念家山》。还是兵戈满眼路漫漫。

据刘勇刚《水云楼诗词笺注》考订，这首词大概写于咸丰四年(1854)年暮春。太平军攻下南京时，高蕊尚留在金陵，后来又想方设法逃离出来，流落东陶小镇。词的上片起笔便是对高蕊的描写，“风前忽堕惊飞燕”，高蕊如同惊弓之鸟，从空中跌落下来，她曾经在金陵死里逃生，现在肯定依然心有余悸，惊魂未定。所以接着说她“鬓影春云乱”，鬓云散乱，正是一副失魂落魄的样子。接下来从高蕊自身角度着笔，以杨花为喻，来写高蕊飘零落魄的悲惨遭遇。词的下片，以歌妓高蕊的琵琶之曲，来喻指词人的亡国之忧。琵琶声凄绝如咽，面对战乱带来的痛苦与创伤，连不知亡国恨的歌妓也是眉头紧锁，一片愁苦的景象。结拍，兵戈满眼，战争还在持续，长路漫漫，国家的未来和前途未卜，如屈子所言："路漫漫其修远兮，吾将上下而求索"，胸怀报国热情的词人还在愁苦中祈盼着战乱早日平息。

蒋春霖认识的在战乱中从金陵逃脱出来的人，除了歌妓高蕊之外，还有浙江嘉善人金澍。金澍曾经与张炳元等筹划在金陵为内应，反对太平天国运动，但是谋事不成，张炳元被杀，金澍逃脱出来，词人写了一首《台城路》为记：

惊飞燕子魂无定，荒洲坠如残叶。树影疑人，鸮声幻鬼，欹侧春冰途滑。颓云万叠。又雨击寒沙，乱鸣金铁。似引宵程，隔溪磷火乍明灭。

江间奔浪怒涌，断笳时隐隐，相和呜咽。野渡舟危，空村草湿，一饭芦中凄绝。孤城雾结。剩罥网离鸿，怨啼昏月。险梦愁题，杜鹃枝上血。

这首词前还有题序云："金丽生自金陵围城出，为述沙洲避雨光景，感成此解。时画角咽秋，灯焰惨绿，如有鬼声在纸上也。"据刘勇刚《水云楼诗词笺注》考订，这首词作于咸丰四年(1854)秋。盖金澍从金陵逃脱后，曾经与蒋春霖相聚，并讲述了他逃难的经历，蒋氏亦是有感而发，填了这一首词。

词的上片起笔"惊飞燕子魂无定，荒洲坠如残叶"，即给人营造了一种惊悚恐怖的印象，燕子惊飞，惊魂不定，荒洲乃是避难之处，避难的燕子如同飘坠的残叶，掉在一片荒洲之上。这虽是写燕子，实是喻指金澍从金陵逃出之后，惊魂未定的情状。接下来三句"树影疑人，鸮声幻鬼，欹侧春冰途滑"，写金澍在逃跑中的幻象和狼狈不堪的情形，因为是逃难，所以精神紧张，总害怕被人识破抓住，一路上战战兢兢，疑神疑鬼，看到远处的树影也总感觉像晃动的人影一样，更为恐怖的是猛然间一声凄厉猫头鹰的叫声，如同鬼叫，令人不寒而栗，加之天气寒冷，冰封路滑，金生跌跌撞撞向前奔跑，一路上险象环生。此时天上黑云密布，大雨欲来，接着"又雨击寒沙，乱鸣金铁"，倾盆大雨直泻而下，雨点砸在沙砾上，有如金戈铁马之声，这些无不让刚从金陵逃脱出来的金澍更加紧张万分，魂不守舍。结拍"似引宵程，隔溪磷火乍明灭"，在这狂风暴雨的夜晚，金丽生一路狂奔，远处的鬼火乍明乍暗，阴森恐怖，更加令人胆寒。

词的下片，紧承上文，写金丽生白天的逃命情形。“江间奔浪怒涌，断笳时隐隐，相和呜咽”，江面之上，波涛汹涌，军笳阵阵，这些是金丽生逃亡时的现实背景。“野渡舟危，空村草湿，一饭芦中凄绝”这些则是对金澍逃亡困境的描写，惊涛汹涌，小舟一叶，漂浮不定，极其危险，又因为下了一夜大雨，草湿路滑，战争使得人们纷纷逃亡，村空人杳，一片孤寂，接着用了伍子胥逃亡途中乞食的典故，喻指金丽生逃命时的艰难困境。然而金澍终于逃出了险境，回望金陵孤城，在一片凄迷的迷雾之中，这个烟雾沉沉的孤城，曾经让金澍胆战心惊，现在终于逃离了虎口，所以才会有下文的脱网孤鸿的慨叹。结拍，“险梦愁题，杜鹃枝上血”，这一切如同一场惊险的噩梦，让金丽生不堪回首。清代著名词学批评家陈廷焯曾经评述这首词曰：“鹿潭《台城路》状景逼真，有声有色。因思迦陵《贺新郎·作家书竟题范龙仙书斋壁上〈芦雁图〉》云云。绘声绘影，字字阴森，逼人毛发，真乃笔端有鬼。然同一设色，而陈自纵横，蒋多萧戚。言为心声，蒋所遇之穷，又不逮陈远矣。”

蒋春霖赶上了时代的巨变，并把他对时代的感触一发于词，这也成就了他的大词人地位，如清代词学家谭献所言：“咸丰兵事，天挺此才，为倚声家杜老”，谭氏所言可谓切中肯綮。然而蒋春霖因为站在清廷立场批评太平天国运动，致使其人其词一度被置于边缘、不被重视。窃以为今人严迪昌先生对此的申述最为中肯：“近三数十年来，鹿谭词复罹文字之祸，缘其有诋太平军事也。至于新编选名家词之类亦摒弃《水云楼词》以为激进。宗派门户、路线偏见、投机取媚，不一而足，是蒋鹿潭之不幸，亦词学之不幸。蒋氏词为特定时空之产物，可以褒亦可以贬，唯求公允客观耳。回避不可，抹杀尤不可，是乃绝非唯物史观之治学态度也。”（《近代词钞》）

一句话，蒋春霖的《水云楼词》对太平天国的态度，是时代和立场的产物，我们不能苛求古人跳出他生活的时代，读蒋春霖词，应作如是观。

西风一夜惊庭绿，问天上、人间见否

——郑文焯的《月下笛》

爆发于光绪二十年(1894)的甲午中日战争，最终以清廷的失败而告终，清廷宗藩朝鲜沦于日本之手，李鸿章苦心经营的北洋海军全军覆没，清王朝被迫与日本政府签下了丧权辱国的《马关条约》，割让辽东半岛、澎湖列岛以及宝岛台湾给日本，并且赔偿日本军费白银二亿两。此事带来的严重后果便是帝国主义掀起了瓜分中国的狂潮，中国面临着亡国灭种的危机。

在甲午战争期间，以光绪帝为首的帝党和以慈禧太后为首的后党以战和为中心、以争权为实质展开了激烈交锋，最终慈禧先下手为强，斥逐安维峻、汪鸣銮、志锐等人，撤销翁同龢书房之差，痛打并贬斥光绪帝宠爱的珍妃，帝党势力一度受挫。

如果说甲午中日战争的失败预示着地主阶级内部洋务运动的彻底失败的话，那么随后兴起的维新变法运动则昭示着资产阶级逐渐登上了历史舞台。当然由于中国的资产阶级当时还十分弱小，他们也没有认识到团结民众进行革命的重要性，只能寄希望于上层，指望通过自上而下的改良来逐步推行资产阶级的政治经济主张。这个上层领导即是有名无实的光绪皇帝。

甲午战败之后，光绪皇帝也不愿做亡国之君，他在康有为、梁启超的影响下，决心变法图强，并于光绪二十四年(1898)颁布“明定国是”诏书，宣布变法，发愤图强，史称戊戌变法。为了降低后党对变法维新的阻力，光绪帝免去了慈禧手下的红人李鸿章，并破格提拔了谭嗣同、林旭、刘光第、杨锐等人。为了控制帝党势力的蔓延，老谋深算的慈禧迅即展开回击，她罢免了光绪帝的老师翁同龢，去掉了帝党的一位核心成员；规定新上任的二品以上官员必须到太后处报到谢恩，这无异于掌握了人事大权；任命亲信荣禄为直隶总督，统领北洋三军，实际上控制了京畿地区和精锐部队，这些招数步步惊心，环环相扣，年轻的光绪帝已经感到变法的危机和不妙了。此时民间也开始流传慈禧太后准备换皇帝的谣言，光绪帝战战兢兢，决定先下手以图自保，于九月十六日召见袁世凯，破格提拔，希望通过袁世凯手上的兵力来发动政变，铲除后党。袁世凯信誓旦旦地表示要效忠皇帝，但是马上变节，向荣禄告密，慈禧获悉后，立刻采取行动，囚禁光绪帝，于九月二十一日以光绪帝名义颁布诏书，宣布太后训政，并开始抓捕维新变法人士，康有为、梁启超获悉之后，逃往海外。而倡导变法的谭嗣同则认为："各国变法，无不从流血而成，今日中国未闻有因变法而流血者，此国之所以不昌也。有之，请自嗣同始。"拒绝出逃，与杨锐等人一起被抓，据说他还在狱中题诗一首：

望门投止思张俭，忍死须臾待杜根。
我自横刀向天笑，去留肝胆两昆仑！

九月二十八日，谭嗣同与刘光第等人在北京宣武门外菜市口英勇就义，为中国的维新变法流下了第一滴鲜血，他们被人们称作"戊戌六君子"，以资产阶级领导的上层改良宣告失败。戊戌六君子从容就义的噩耗传来，有志维新变法图强的士人无不悲痛欲绝，郑文焯即是其中一位，他在屠杀的当晚饱含热泪写下了著名的《月下笛》一阕：

月满层城，秋声变了，乱山飞雨。哀鸿怨语，自书空、背人去。危阑不为伤高倚，但肠断、衰杨几缕。怪玉梯雾冷，瑶台霜悄，错认仙路。

延伫。销魂处，早漏泄幽盟，隔帘鹦鹉。残花过影，镜中情事如许。西风一夜惊庭绿，问天上、人间见否？漏谯断，又梦闻孤管，暗向谁度。

这首词下面的小序云："戊戌八月十三日宿王御史宅，夜雨闻笛，感音而和石帚"，八月十三是中国传统农历纪时，换成西历即是九月二十八日，也即是戊戌六君子殉难之日。这一天郑文焯在王鹏运家做客，获悉了谭嗣同等人被杀的消息，悲愤难当，填了此词。词的上片起句本是一片明朗清丽的景象，八月十三已经接近中秋，月光明亮，照满大地，但是转眼即是一片阴郁肃杀的景象，"秋声变了，乱山飞雨"，飞雨横来，换了气象，这正是对政治气候变化的一种隐喻。词人仰头望去，大雁人字而飞，词人心绪惨淡，移情于物，故而感觉哀雁"怨语"，

"书空"一词引用了《世说新语·黜免》中殷浩被废，整日写"咄咄怪事"的典故，表达了词人对政变的不满。因为主张变法者流血牺牲，词人伤感沉痛，肝肠寸断，放眼望去也是满目凄凉。结拍以"玉梯雾冷，瑶台霜悄"营造了一种凄冷肃杀的氛围，实际上是暗指变法者办事不够慎重缜密，结果被人痛下杀手，以致满盘皆输，一个"错"字，充满了悔恨与同情。

戊戌六君子

词的下片对告密者袁世凯进行了嘲讽，一般认为"鹦鹉"即是喻指袁世凯，正是他向荣禄告密，结果才使得太后提前动手，杀得帝党措手不及，变法惨遭失败，犹如残花过影，一片凄凉意。"西风一夜惊庭绿，问天上、人间见否"，西风肃杀，突起的西风一夜之间把满庭绿色摧残殆尽，这其实是喻指后党一夜之间便掌控了朝局并对帝党进行了残酷打压，词人愤懑无比，问天无语。结拍，夜色深沉，词人辗转难眠，恍惚中闻见孤笛横吹，如怨如慕，如泣如诉，这难道是向被害的英烈赠送的祭歌吗？

钱仲联先生《清词三百首》中对此词做了如是评价："这首词写当天闻到的一场惊心动魄的政变惨剧。表达了词人站在同情维新派立场的悲愤心情。对皇帝幽禁瀛台的关切，对袁世凯出卖维新党人的痛恨，并对生存者与被害者人天永隔的怅惘，层层递进。……得此一阕，大为戊戌词史生光。"当然这个"词史"是用血淋淋的悲剧书写的，它昭示着清廷最高统治者的极端腐朽，也警示来者，只有不断抗争，才能换取民族的解放和国家的发展。果然，十余年后，武昌起义爆发，腐朽的清王朝终于走完了他的历程，彻底地进入了历史的时空。而这些不朽的哀歌，依然在向我们诉说着那段黑暗而悲凉的历史，激励中华儿女不断前行，为美好的明天努力奋斗。

参考文献

陈邦炎. 词林观止. 上海:上海古籍出版社,1994.

陈大康. 今世说. 上海:上海古籍出版社,2012.

陈继龙. 吴梅村词笺注. 上海:上海古籍出版社,2008.

陈乃乾. 清名家词. 上海:上海书店,1982年复印版.

陈维崧. 陈维崧集. 上海:上海古籍出版社,2010.

陈寅恪. 柳如是别传. 上海:上海古籍出版社,1980.

程郁缀. 徐灿词新释辑评. 北京:中国书店,2003.

戴逸. 简明清史. 北京:中国人民大学出版社,2006.

杜芳琴. 贺双卿集. 郑州:中州古籍出版社,1993.

顾诚. 南明史. 北京:中国青年出版社,1997.

顾炎武. 日知录集释. 黄汝成,集释. 上海:上海古籍出版社,2006.

郭绍虞. 清诗话续编. 上海:上海古籍出版社,1983.

计六奇. 明季北略. 北京:中华书局,1984.

计六奇. 明季南略. 北京:中华书局,1984.

蒋春霖. 水云楼诗词笺注. 刘勇刚,笺注. 上海:上海古籍出版社,2011.

蒋寅. 王渔洋事迹征略. 北京:人民文学出版社,2001.

况周颐. 蕙风词话·广蕙风词话. 孙克强,辑考. 郑州:中州古籍出版社,2003.

梁淑安. 中国文学家大辞典·近代卷. 北京:中华书局,1997.

刘燕远. 柳如是诗词评注. 北京:北京古籍出版社,2000.

龙榆生. 龙榆生词学论文集. 上海:上海古籍出版社,1997.

卢兴基. 顾太清词新释辑评. 北京:中国书店,2005.

陆以湉. 冷庐杂识. 北京:中华书局,1984.

孟森. 明史讲义. 北京:中华书局,2006.

孟森. 清史讲义. 北京:中华书局,2006.

孟森. 心史丛刊. 北京:中华书局,2006.

莫立民. 近代词史. 北京:人民文学出版社,2010.

纳兰性德. 纳兰词笺注. 张草纫,笺注. 上海:上海古籍出版社2003.

纳兰性德. 饮水词笺校. 赵秀亭,冯统一,笺校. 北京:中华书局2005.

南京大学中国语言文学系《全清词》编纂研究室. 全清词·顺康卷. 北京:中华书局,2002.

南京大学中国语言文学系《全清词》编纂研究室. 全清词·雍乾卷. 南京:南京大学出版社,2012.

彭靖. 王船山词编年笺注. 彭崇伟,整理. 长沙:岳麓书社,2004.

平慧善,卢敦基. 黄宗羲诗文选译. 成都:巴蜀书社,1991.

钱仲联. 当代学者自选文库·钱仲联卷. 合肥:安徽教育出版社,1999.

钱仲联. 清词三百首. 长沙:岳麓书社,1992.

钱仲联. 中国文学家大辞典·清代卷. 北京:中华书局,1996.

清史编委会. 清代人物传稿. 北京:中华书局,1984.

商衍鎏. 清代科举考试述录及有关著作. 天津:百花文艺出版社,2003.

上海人民出版社. 清代日记汇抄. 上海人民出版社,1982.

尚达翔. 高鹗诗词笺注. 郑州:中州书画社,1983.

施淑仪. 清代闺阁诗人征略. 台北:明文书局,1985.

施议对. 人间词话译注. 长沙:岳麓书社,2003.

史震林. 西青散记. 北京:中国书店,1987.

谭献,辑.罗仲鼎,点校. 清词一千首(箧中词). 杭州:西冷印社出版社,2007.

唐圭璋. 词话丛编. 北京:中华书局,1986.

唐圭璋. 金元明清词鉴赏词典. 南京:江苏古籍出版社,1989.

唐圭璋. 全宋词. 北京:中华书局,1965.

王步高. 金元明清词鉴赏辞典. 南京:南京大学出版社,1989.

王夫之,等. 清诗话. 上海:上海古籍出版社,1978.

王仲翰. 清史列传. 北京:中华书局,1987.

吴世昌. 词林新话. 北京:北京出版社,1991.

夏承焘,张璋. 金元明清词选. 北京:人民文学出版社,1983.

小横香室主人. 清朝野史大观. 上海:上海科学技术文献出版社,2010.

徐珂. 清稗类钞. 北京:中华书局,1984.

徐釚. 词苑丛谈校笺. 王百里,校笺. 北京:人民文学出版社,1988.

徐鼒. 小腆纪传. 北京:中华书局,1958.

严迪昌.《乐府补题》与清初词风. 词学:第八辑,华东师范大学出版社,1990.

严迪昌. 金元明清词精选. 南京:凤凰出版社,2002.

严迪昌. 近代词钞. 南京:江苏古籍出版社,1996.

严迪昌. 近代词纪事会评. 合肥:黄山书社,1995.

严迪昌. 清词史. 南京:江苏古籍出版社,2001.

严迪昌. 清诗史. 北京:人民文学出版社,2011.

杨柏岭. 龚自珍词笺说. 合肥:黄山书社,2010.

尤振中,尤以丁. 清词纪事会评. 合肥:黄山书社,1995.

张秉戍. 弹指词笺注. 北京:北京出版社,2000.

张岱. 陶庵梦忆. 马兴荣,校点. 上海:上海古籍出版社,1982.

张廷玉,等. 明史. 北京:中华书局,1974.

张研,牛贯杰. 清史十五讲. 北京:北京大学出版社,2004.

昭梿. 啸亭杂录. 北京:中华书局,1980.

赵尔巽,等. 清史稿. 北京:中华书局,1977.

朱崇才. 词话丛编续编. 北京:人民文学出版社,2010.

朱彝尊. 静志居诗话. 北京:人民文学出版社,1990.

朱彝尊. 朱彝尊词集. 杭州:浙江古籍出版社,2011.

曾昭岷,等. 全唐五代词. 北京:中华书局,1999.